海南棋子湾开元度假村

海南省昌江县棋子湾景区广德路68号 邮编：572731
Add: No. 68 Guangde Road, Changjiang, Hainan 572731
Tel: 0898-3115 6666　E-mail: qzw@kaiyuanhotels.com
https://www.kaiyuanhotels.com

—— 中 国 西 海 岸 · 海 南 棋 子 湾 ——

■ 大堂

■ "祺·咖啡"西餐厅

■ 儿童欢乐水寨

杭商

主办：杭商传媒
编辑：《杭商》编辑部
出版：经济管理出版社

专家指导委员会

主任委员
叶　明　杭州市政协第十届委员会主席
王永昌　浙江省十二届人大常委会副主任

委员（以姓氏笔画为序）
郁建兴　浙江工商大学校长
蒋泰维　浙江省科技厅原厅长
吴晓波　浙江大学社会科学学部主任
郭占恒　浙江省委政策研究室原副主任
胡祖光　浙江社会科学联合会名誉主席
方益波　新华社浙江分社轮值总编辑
郭清晔　民建浙江省委会副主委、杭州市委会主委
蒋　丰　人民日报海外版《日本月刊》总编辑
胡宏伟　澎湃新闻副总编辑
戴　谦　人民网浙江频道总编辑
刘胜军　国是金融改革研究院院长
魏　江　浙江大学管理学院院长
韦　路　浙江大学传媒与国际文化学院院长
吴　飞　浙江大学公共外交与战略传播研究中心主任
张晓玥　浙江工业大学人文学院院长
陈改玲　浙江理工大学史量才新闻与传播学院院长
钱水土　浙江工商大学MBA学院院长
李　蓉　浙江工商大学人文与传播学院副院长
陈　涛　杭州市文联原副主席

编辑部
社长/总编：马晓才
副社长/常务副总编：李洁
副总编：楼燕红　季建强　何影丹　徐青青
采访/编辑：沈意　沈丽萍　姬晨曦　吴慧中　楼晋瑜　马晗聪
　　　　　　王柔仪　吕一迎　周乐蒙　李慧　蔡仪
图片顾问：吴宗其
特约主笔：黄亚洲　朱晓军　孙昌建　孙侃　徐迅雷

社　　址：杭州·湘湖国家旅游度假区南六路杭商传媒大楼
采访热线：0571-85068367/85172735/85157263/87703205
广告热线：0571-85068763
发行热线：0571-85102753
出版日期：2021年2月1日
战略合作：中国企业家日报社
　　　　　杭州市工商业联合会
　　　　　杭州市杭商研究会

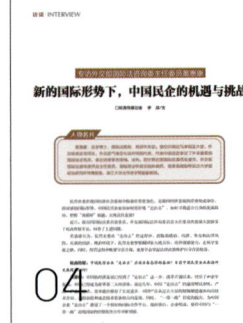

新的国际形势下，中国民企的机遇与挑战
04

蒋文龙：八千里路云和月
64

Contents

目录
2021年2月　总第107期

杭商公微

封面人物
海亮教育总校长、湘湖公学校长叶翠微
杭商传媒记者　徐青青摄

访谈
04　专访外交部国际法咨询委主任委员黄惠康：
　　新的国际形势下，中国民企的机遇与挑战
11　对话海亮教育总校长、湘湖公学校长叶翠微：
　　一个种桃、种李、种春风的教育时代，
　　正向我们徐徐走来
22　周德文：企业活着，是一种社会责任

观点
25　"最多跑一次"改革向社会治理领域的延伸与发展

特稿
30　以张骞为镜，万事利丝绸走出了"新丝路"
38　芯片战争
44　读懂深圳奇迹，照亮中国未来

观察
49　都市圈，这才是中国未来十年的关键词
55　姚洋：国际环境变化和双循环下的企业机遇

人物
61　傅利泉：从水稻亩产1000元到亩产6亿元多
64　蒋文龙：八千里路云和月
69　唐彩斌：寻找美好教育的密码
75　于英涛：掌舵新华三，领航数字时代
78　方　琴："Stay hungry, stay foolish"
83　华桂潮：在杭州，我们敢于做梦
86　俞兆洪：初心是起点，也是终点

演讲
102　第四届世界杭商大会大咖说
110　陈春花：企业可持续发展与传承

读图
114　不朽的记忆——张建庭笔下的西湖历史建筑
120　第三届西湖国际摄影大展佳作欣赏

乐享
150　格陵兰：消逝的梦

杭州湾会客厅
156　双循环，挑战和机遇
160　构建健康中国新生态，非公办医在路上

看客
164　农夫山泉：水之战
170　匡特家族四代传承路径
174　现实版的"布登勃洛克"家族

史记
177　埃菲尔铁塔：曾经的"巴黎之耻"

资讯
182　第十六届中国国际动漫节全景式回顾：
　　动漫盛宴，狂欢永不落幕

悦读
188　舜宇奇迹：一部现代企业成长史的经典教科书

形象
01　海南棋子湾开元度假村
89　恒益筛网
90　花之城纺织
92　建宏商品混凝土
94　田野提花
96　田厚园林
98　映山花颜料
100　舜达伟业
140　杭重科技
142　开元管件
144　美丽相约
146　川页の家
148　康宇旅行社
194　力禾集团
196　万翔寝具
198　手心医药
200　妈咪呗呗
202　钱浪科技
204　鑫加镁环境工程
213　浙商开元名都酒店
封底　开氏集团

访谈 | INTERVIEW

专访外交部国际法咨询委主任委员黄惠康

新的国际形势下，中国民企的机遇与挑战

□杭商传媒记者 李 洁/文

人物名片

> 黄惠康，法学博士，国际法教授，资深外交官。曾任中国驻马来西亚大使、外交部条法司司长、外交部气候变化谈判特别代表，代表中国政府参加了许多重要的国际会议和双、多边法律事务磋商、谈判。现任联合国国际法委员会委员、外交部国际法咨询委员会主任委员、国际常设仲裁法院仲裁员、国家高端智库武汉大学国际法研究所特聘教授、浙江大学光华法学院客座教授。

民营企业在我国经济社会发展中扮演着重要角色，是我国经济发展的重要组成部分。面对新的国际形势，中国民营企业该如何更好地"走出去"，如何寻找适合自身的发展路径，把握"双循环"机遇，实现良性发展？

近日，联合国国际法委员会委员、外交部国际法咨询委员会主任委员黄惠康大使接受了杭商传媒专访，回答了上述问题。

黄惠康认为，民营企业在"走出去"的过程中，面临着政治、经济、外交和法律风险，在新的经济、政治环境下，民营企业要紧跟国家大政方针，培养创新能力，走科学发展之路。同时，经营过程中既要守法合规，也要学会拿起法律武器维护自身合法权益。

杭商传媒：中国民营企业"走出去"应该具备怎样的基础？目前中国民营企业在海外发展现状如何？

黄惠康：中国的经济发展已经到了"走出去"这一步。改革开放以来，经历了40余年发展，中国已经成为世界第二大经济体。最近几年，中国"走出去"的速度明显加快，产品、产业、技术、资本输出都有了长足进步。中国产品从过去大量的初级制造逐步向高技术含量、高附加值和成套技术装备的方向发展。同时，"一带一路"倡议的提出，为中国企业"走出去"搭建了一个很好的国际合作平台。政府搭台，企业唱戏，使得中国与"一带一路"沿线国家的经贸投资合作不断增强。

黄惠康认为，民营企业在"走出去"的过程中，面临着政治、经济、外交和法律风险，在新的经济、政治环境下，民营企业要紧跟国家大政方针，培养创新能力，走科学发展之路。同时，经营过程中既要守法合规，也要学会拿起法律武器维护自身合法权益。

访谈 | INTERVIEW

"走出去"的企业都有哪些企业呢？第一部分是央企，第二部分是国企，第三部分就是民企。民企"走出去"的速度在加快，越来越多的民营企业，尤其是一些大型民营企业，在国际化的道路上，把自己的业务范围推出去。这符合国家发展战略和对外开放政策，同时也有助于中国民营企业的国际化。

同时，中国民营企业在"走出去"的过程中也遇到了一些困难和挫折。目前看来，主要的问题是，"走出去"存在一定的盲目性。一些民企没有进行事前的投资风险评估或风险评估不充分，盲目出海，扎推出海，随大流出海，低估了可能面临的风险，并在一定程度上存在恶性竞争。

杭商传媒：您曾在马来西亚担任4年大使。结合您的工作经历和国际法知识，在"走出去"的过程中，您会给中国民企怎样的建议？

黄惠康：回顾过去的六年，共建"一带一路"已展现出美好的发展前景。与此同时，"一带一路"合作中的投资风险也在逐步显现，投资争议趋于增加。

投资有风险，入市需谨慎，这是一般的经济法则，对外投资也无例外。而且作为海外合作项目，投资风险更加多样复杂，包括政治风险、经济风险、外交风险、法律风险等多重风险。因此，风险程度不可低估。

第一是政治风险。政治风险指企业要考虑投资地国家的政治稳定性。以"一带一路"沿线国家为例，这些国家政治体制复杂多样，有君主制、君主立宪制、议会制、总统制等。一些国家政局不稳，执政党和反对党斗争激烈，轮流执政。一些国家法治不健全，"人治"色彩浓厚，裙带网络错综复杂。而"一带一路"合作项目通常具有投资大、周期长的特点，最大的风险在于沿线国家的政治稳定性和项目合作伙伴国之间双边关系的稳定性。一旦国家政权更迭或社会动乱，可能出现当地政府对华政策偏差偏向，影响企业投资项目。

第二是经济风险。对外投资和在国内投资一样，都是有风险的，而且对外投资的风险可能更大。对外投资一定要做足风险评估，不能盲目地、跟风般地对外投资。比如多家中国民营企业，竞相扎堆到临近新加坡的马来西亚柔佛州投资普通房地产，而当地并没有这么大的市场容量。

第三是外交风险。有些对外投资项目是跨国的，在土地、环境、劳工等问题上涉及到邻国或第三国，稍有不慎，容易引发国与国之间的外交问题。这是需要特别注意的。

第四是法律风险。海外投资的安全，在相当程度上，取决于投资地法治是否完善、对外国企业的法律保障是否到位，以及企业自身的合法合规性内部风险评估和管控机制是否健全。防范海外投资风险，这三个方面缺一不可。

"规则和信用是国际治理体系有效运作的基石，也是国际经贸关系发展的前提"。要借助法律手段积极构建多层次、多渠道的风险防范机制。应当看到，与"一带一路"建设相关的法律问题相当复杂。"一带一路"参与国法律制度各不相同，法律文化传统各异，法治发展水平参差不齐。这些国家的法律规则不同，不仅表现在基础设施建设、贸易与投资管理、能源开发、区域合作、劳动用工、环境保护、税收金融等领域，而且表现在公司、合同、侵权、知识产权等私法方面。如果不清楚其中的规制和要求，就有可能给参与合作的相关国家或企业带来预料不到的法律风险。

民营企业"走出去"，首先要评估海外投资地国家的法治环境，尤其是该国对待外国投

■黄惠康接受杭商传媒记者专访　　杭商传媒记者　徐梦琪摄

资的政策和法律保障。其次要加强投资项目运营的的内部合规性管理。海外投资，如果不符合投资东道国的法律法规，有可能在产权、税收、外汇管理、劳工、环保等问题上，触犯当地的法律，引来法律的纠纷。如果企业不进行预先的合规性审查，不对所在国家的法律深入了解，就容易在法律方面出问题。最后，还要事先约定投资争议的解决方式。

总之，中国民营企业在"走出去"的过程中，一定要切实防范可能的政治风险、外交风险、经济风险、安全风险和法律风险，加强法治保障。参与合作的企业，一定要严格遵守所在国的法律法规，确保合规经营；要加强对合作方市场行情、营商环境和法律制度的研究，绝不可一哄而上，盲目跟风；要加强管理，避免中资企业间的恶性竞争；要引导企业注意履行企业对当地的社会责任，提高生产和服务的本地化水平。

杭商传媒： 您在马来西亚任职期间，有没有接触到浙江的民营企业家，印象深刻的有哪些？

黄惠康： 传统上，浙商海外投资的重点是欧洲和美国。近年来，浙商在包括马来西亚在内的东南亚国家的投资和经贸合作趋于增加。2014年我曾在吉隆坡接待时任浙江省委书记、省人大常委会主任夏宝龙率领的浙江经贸代表团，中马双方达成多项合作协议。这符合国家的周边外交政策，值得鼓励。我印象中，最成功的两家民营企业是吉利集团和阿里巴巴。

2017年6月，经过数年的接洽谈判，吉利正式收购马来西亚宝腾公司49.9%的股份和英国跑车品牌莲花51%的股份，成为宝腾汽车的独家外资战略合作伙伴。我和时任马来西亚总理共同出席了双方合作协议的签字仪式。宝腾汽车公司之于马来西亚，相当于红旗汽车之于中国，是第一民族汽车品牌。吉利和宝腾的联手是中国同马来西亚"一带一路"务实合作的又一硕果，是开展国际产能合作的有益尝试，也是中国汽车企业首次以知识产权、管理运营经验等作为投资成功实施海外并购，开创了中资企业以品牌、知识产权、管理和营销经验进行海外投资的新纪元，意义非凡。

通过这一合作，吉利和宝腾能够充分协调技术资源，统筹各自优势，实现互利双赢。吉利得以利用宝腾在马来西亚的产品生产线，拓展拥有6亿消费人群的东南亚市场。宝腾则能获得先进的技术水平和前沿的运营管理理念，为企业持续发展注入新的生机和活力。从长远看，中国企业在马来西亚投资项目已覆盖钢铁、玻璃、能源等领域，汽车产业的加入有望与相关中资企业项目打通上下游供应链，提升整体竞争力和产业活力。

阿里巴巴与马来西亚的合作也堪称杰作。阿里巴巴帮助马来西亚在电子商务方面实现了腾飞，在马来西亚建立了研发中心，与马来西亚进行了广泛合作，并取得了重要的阶段性成果。我任内曾有幸陪同马来西亚总理纳吉布访问阿里巴巴在杭州的总部，并且见证了阿里巴巴与马来西亚的全方位务实合作。2016年，阿里巴巴在马来西亚投资当地电商平台LAZADA，目前已有4万多家中小企业加盟。2017年10月30日，阿里巴巴集团旗下云计算服务商阿里云在马来西亚设立的数据中心正式启用。同年11月3日，阿里巴巴宣布世界电子贸易平台项目的海外首个e-hub在马来西亚正式启动。2018年1月，马来西亚开始引入阿里云ET城市大脑。目前，第一阶段的建设已经完成，首都吉隆坡的281个道路路口接入了城市大脑。阿里巴巴集团还在马来西亚设立国家办公室，开启阿里巴巴在马来西亚深化战略合作的新篇章。

杭商传媒： 接下来谈谈"双循环"带来的机遇与挑战。5月14日中央政治局常委会会议首次提到要"构建国内国际双循环相互促进的新发展格局"，在"两会"期间明确新发展格局要以"国内大循环为主体"。为什么我们要在这个时候提"内循环"，"内循环"能够实现吗？

黄惠康： "内循环"必然会实现。"内循环"的概念不是现在才提出的，实际上经济发展战略的调整从2008年就开始了。当时的国际金融危机让我们感觉到两头在外的经济发展模式是不可持续的。外向型经济在发展的初期，能实现快速的产能提升和资本积累，但发展到一定的程度，就会出现一些重大的结构性问题，导致对国际市场和海外资源的过度依赖。内需不足将会成为整个经济进一步发展的瓶颈。世界上最大的市场在中国。中国有14亿人口，如果我们的中等收入群体，每年都以几千万的速度增长，用不了几年，中国市场的容量就会大于美国、日本、欧洲的总和，这是一个现成的市场。

把人民对美好生活的向往作为奋斗目标，这个时候就要以内需为主导。为此，要推出一系列促进内需的政策和措施。脱贫攻坚战、提高最低工资、扩大进口，都是着眼于内需的提升。加大教育、医疗、养老等民生领域的投入就是补短板。供给侧改革就是最大的"内循环"战略。所以说，"双循环"的萌芽几年前就有，只不过在当前国际形势下，比我们更早地下定决心，要把经济高质量发展转到以内需为主的大循环上来。同时又要坚持贸易投资的自由化、便利化。这样"双循环"就可以相互补充、协调发展。

杭商传媒： 您如何看目前外向型经济的发展？

黄惠康： 经济全球化的潮流不可阻挡，国际经济合作仍大有可为。2020年上半年我国对"一带一路"沿线国家的投资和贸易逆势增长就是一个很好的例子。当前，逆全球化思潮在一些国家暗流涌动，美国特朗普政府在国际关系中推行"美国优先"的保护主义、单边主义、霸凌主义政策，对经济全球化和贸易自由化、投资便利化产生消极影响。突如其来的新冠疫情进一步恶化了国际经济合作环境。但从长远来看，经济全球化潮流始终向前，单边保护主义逆流最终要归入大海。当然，我们也要高度重视经济全球化过程中出现的问题和面临的困难，努力消除发展"赤字"，推动经济全球化朝着更加开放、包容、普惠、平衡、共赢的方向发展。当下，要特别重视发展中国家的发展权，坚持正确的义利观，扶持、支持发展中国家的发展，从而为中国企业"走出去"打开更广阔的市场空间和合作潜力。

杭商传媒： 在新的经济政治环境下，您认为民营企业，特别是浙江的民营企业下一步应该怎么走？

黄惠康： 对浙江民营企业家来说，第一，一定要吃透中央确定的大政方针，与国家深化改革、扩大开放的发展战略保持一致。要抓住对外开放和共商共建共享"一带一路"这个纲，纲举才能目张。国家有旗帜、有指引、有政策、有优惠，民营企业家们首先需要了解并且追随。

第二，引导民营企业家走科学发展之路，所谓的科学发展之路，就是中央倡导的创新、协调、绿色、开放、共享的新发展理念，不走传统的工业化道路和单纯追求利润的经营发展模式。把绿色作为底色，推动绿色基础设施建设、绿色投资、绿色金融，保护生态环境，坚持一切合作都在阳光下运作，共同以零容忍态度打击腐败。还要寻找新的市场、新的产业、新的产业模式。这样才能赶上世界的潮流，搭上中国快速发展的列车。

第三，民营企业家一定要加强创新。中国经济发展到这一步，没有创新就没有出路。现在有两个客观的要求摆在民营企业家面前。其一，在激烈的国际竞争中，唯创新者进，唯创新者强，唯创新者胜。中国的科技水平越来越接近世界先进水平，再要进一步发展，创新是唯一的出路。其二，创新的理念一定要跟知识产权保护联系在一起，要加强对知识产权的尊重和保护。

访谈 | INTERVIEW

最后，企业家精神中最核心的一条是法治精神。市场经济是法治经济。法治包括两点，第一是尊法守法，对法律要有敬畏之心，所有的经营和管理行为都要合乎法律的规定。第二是要学会用法律的手段来维权。企业家要把防范投资风险的关口前移，移到商业交易之前，从法律上和源头上杜绝重大投资风险的发生。在投资过程中，遇到实际的法律问题时，做到有章可循，有法可依，可能的商务纠纷和争议可以依法妥善解决。因此，民营企业家一方面要增强法制意识，同时要建立自己的律师团队。建立健全企业法律顾问制度很有必要。

采访手记：

采访前，得知黄惠康老师是我的杭州老乡，心想，这位杭州本土大使，必然也带着杭州人的温文儒雅，是一位好脾气的外交官。后来，读了浙江财经大学中国外交人物研究所所长宗道一教授的《西子湖畔的国际法专家》一文，又了解到黄大使与我不仅是同住一条巷子的邻居，更是读过同一所中学的校友。或许因为这样，黄大使对我提出的种种问题，愈发宽容和耐心了。

回顾40年的职业生涯，黄惠康说自己干了三件事：学哲学、研法律、干外交。黄惠康于1972年从杭州支边黑龙江，1978年秋从大庆油田考入黑龙江大学哲学系。毕业后，来到武汉大学法学院深造，完成了国际法硕士和博士学业。30出头时就担任了武汉大学国际法研究所副所长。20世纪90年代初，他进京"赶考"，在外交部重新扬起征帆，先后担任亚非法律协商组织助理秘书长、条法司参赞、驻纽约副总领事、驻加拿大使馆公使衔参赞、唐山市（挂职）副市长、外交部法律顾问、气候变化谈判特别代表、条约法律司司长、驻马来西亚特命全权大使等职务，并于2010年当选联合国国际法委员会委员，2011年和2016年两次在联合国大会高票当选连任至今。

黄惠康说，余下来的时间，他要做好第四件事情：育人才。在他现有的众多头衔中，与教育有关的职务占了一大半，他是浙江大学、武汉大学、西北政法大学、湖南师范大学等多所高校的客座教授。

除了育人才，还有一件事让黄惠康记挂，那就是著书立说。作为国内外公认的国际法专家和资深外交官，他要把自己40年来研究国际法的经验，尤其是法律与外交结合的心得记录下来。他计划用5年时间完成苇草（笔名）三部曲，第一部《中国特色大国外交与国际法》已于2019年出版，目前正筹备在国外出版英文版；第二部《外交外事实务法律指南》已有初稿，计划2021年付梓；第三部《国际法前沿》，将记录他在联合国国际法委员会工作的经历和成果。我们期待这位西子湖畔的国际法学家为国家和家乡奉献更多的学术硕果。

多年外交生涯，对于中国外交，黄惠康有怎样的见解？他说，观察国际形势和中国外交，一定要调好焦距，对好光圈，把握好切入点，准确把握新时代中国和世界发展大势，树立正确的历史观、大局观、角色观。

责任编辑/沈丽萍
除署名外，本文图片由被采访者提供

对话海亮教育总校长、湘湖公学校长叶翠微：

一个种桃、种李、种春风的教育时代，正向我们徐徐走来

□杭商传媒记者 马晓才 李 洁/文

【编者按】"教育是一场修行"，这是2020年9月叶翠微在闻堰教育综合改革试验区启动暨闻堰初中新校区启用仪式上的演讲主题。他在演讲中提到，教育是离"人的内心"最近的圣地。教育人，唯有修行，方为正道。他为此走了三步：做一个徒步教育的"读者"，做一个信步教育的"行者"，做一个闲步教育的"玩家"。

叶翠微曾自评，"行者无疆"是对他最贴切的形容，过去的三十多年，从沙市到北海，从北海到杭州，他跨越大江南北，心无旁骛，只做教育这一件事。如今，这位行者在湘湖畔停下脚步，扎下根来，依旧办教育。

2020年7月，萧山区教育局、闻堰街道、海亮集团三方签订了《闻堰教育综合改革试验区合作协议》，以叶翠微为总校长的管理团队正式开始参与闻堰初中、闻堰小学等学校管理。闻堰教育综合改革试验区作为改革试点，将依托湘湖公学教育集团搭建共建、共享、共育、共赢的集团化教育共同体。一时间，还未正式开学的湘湖公学再度成为关注的焦点。

湘湖公学由萧山区教育局、闻堰街道、海亮集团、湘湖管委会及湘湖旅游控股集团合作办学，位于湘湖畔，依山傍湖，学校建筑透着中国风的美学意蕴。叶翠微觉得，现代学校，不妨远离喧嚣，亲近山水，让孩子在一草一木，一砖一瓦中与自然互动。现代社会，无论城市还是乡村，每一个孩子仿佛都有一个由失梦到寻梦的过程。湘湖公学就是帮助孩子寻梦，找回自己，找回自己未来的所在。他说，在湘湖公学办学样态里，学生要有自主，老师要有自由，家长要有自信。

今年9月，湘湖公学将正式开学，迎来它的第一批学生。这所集山水、人文、绿色、科技、艺术于一体的未来学校，将带来怎样一种全新的教育样态？叶翠微在2021年新年时说，一个种桃、种李、种春风的教育时代，正向我们徐徐走来。或许这就是答案。

那么未来的湘湖公学，究竟将带给我们怎样的欣喜和精彩？以下是杭商传媒对叶翠微的专访。

访谈 | INTERVIEW

■海亮教育总校长、湘湖公学校长叶翠微
杭商传媒记者 徐青青摄

杭商传媒：2020年9月9日，在闻堰教育综合改革试验区启动仪式上，您提出让"办一所名校，成一片森林，树一面旗帜"与跨湖桥、独木舟一起成为湘湖的盛景。那会是怎样一番景致？

叶翠微：我心中的这幅盛景，要从几年前的故事说起。

2015年，当时我在杭二中已经摸爬滚打了15年，有一天突然萌生一个想法，要为自己的"第二春"，也就是退休以后的职业生涯找一个挑战性平台。我走了杭州几个地方，最爱的是湘湖。湘湖之畔有两个标志性的图腾让我难以忘怀，一是三江汇流、钱塘潮涌，二是陶行知先生的湘湖师范。

萧山在中国的改革大潮里独领风骚，曾一骑绝尘，那是骨子里的果敢。钱塘潮水，勇立潮头创辉煌，唤醒了我一个湖北汉子的内在血性。

湘湖师范是陶行知先生创办的第二所乡村师范学校。陶行知先生和湘湖师范带来的不仅仅是一种教育，更重要的是播下了文明的种子。这样一位学成归来、风度翩翩的青年才俊，没有眷恋大城市，没有眷恋高位，在中国积弱积贫时期，选择走乡村教育之路，这种文化的根性，既是陶行知先生自己的，更是中华民族的。所以，我每每想到湘湖师范，都油然而生崇敬之情。

这两个图腾，紧紧拽住了我的心。2017年退休，我拒绝了全国很多地方的盛邀，这些邀请来自北京、上海、深圳，甚至是香港。我选择了海亮，出任湘湖公学校长，被聘为萧山区教育顾问。

我走进海亮，我愿把我对教育的思考带进来，更期待用高位的办学行为行动展现出来。因此，我提出，在湘湖办一所学校。很荣幸得到萧山区委区政府和海亮集团创始人冯海良先生的大力支持，湘湖公学最终落地湘湖。办学地点与湘湖师范隔空相望，不足一里，守望着我自己的精神圣殿、心中灯塔，岂不乐哉！

我的心里还有许多文化的丰碑，孔子"暮春者，春服既成，冠者五六人，童子六七人，浴乎沂，风乎舞雩，咏而归"，此种真意与湘湖山水里的教育人有种自然的契合，对于教育者，是应当在春风拂来之时，如歌如舞如浴，让学生绽放生命的精彩。教育的魅力，似乎在这样的山山水水中更能体现得淋漓尽致。我一直在脑海中思考，教育的先哲们，他们所办的教育是怎样一番盛景，当下的我们能不能向他们慢慢地靠近？

后来我发现，湘湖有它自己的神奇，湘湖的神奇在于得山得水得人文。在湘湖的上善若水里，有8000年独木舟的历史，有贺知章的"少小离家老大回"，有杨时的程门立雪，有陶行知先生扎根乡村教育的足迹，这些都是生生不息的生命力，令人高山仰止。更重要的是，湘湖的底色恰恰是教育应该有的本色。

教育的本色应是育人。人之为人，在于人是大地之子，湘湖大地给予我们博大的胸怀；人之为人，在于人是万物之灵，湘湖得山得水得自然，生机盎然，恰是一个生命净化的容器。教书育人，如果没有一池净水，没有一方

湘湖公学的办学理念是"人皆有才，人人成才，让每个生命出彩"。"人皆有才"讲究有教无类，起点公平；"人人成才"讲究因材施教，过程公平；"让每个生命出彩"讲究各得其所，结果公平。

热土，没有一脉人文，无法养育出完整的人。

在认识湘湖的过程中，我思考着学校的意义。湘湖公学的办学使命始终是"为党育人，为国育才，为孩子谋幸福"，由此学校的意义就是要为孩子、为社会、为未来形成一种共建的、向上的、积极的校园精神，使学校既充满浪漫的人文情怀，又肩负起培养新时代建设者的重任。因此，我提出要"办一所名校，成一片森林，树一面旗帜"。

"办一所名校"，基于湘湖是三江汇流之地，某种程度上它代表杭城的未来、浙江的未来，而我们也试图以自己的办学思考和努力去开创教育的未来。流水不腐，户枢不蠹。三江汇流，万物生机。办教育，我追求自由的心性，希望生命蓬勃的种子能够自然散落在湘湖这片圣地上，让一所学校，让一群孩子静静地、体面地、从容地走向社会，走向未来。

"成一片森林"，就是通过创办湘湖公学，开启闻堰教育综合改革试验区，拉动闻堰小学、闻堰初中以及未来的闻堰二小协同发展。未来，湘湖公学的办学资源是开放性的，湘湖公学不是"神兽出笼"，不挑起"军备竞赛"。湘湖公学要做的，是与同在蓝天下办教育的人，共享、共融、共建，寻找区域教育和谐发展的新路径。

"树一面旗帜"，这面旗帜就是"公""民"协同，教育互助。"公"就是公办教育，"民"就是民办教育。不论公办还是民办，都是属于我们这个时代的教育，是中国人自己的教育，也是党的教育。各个学校达成育人理念的路径、样态可能不同，但我们追求各美其美、美美与共的美好教育的目的一致，我们为党育人、为国育才的使命相同。

杭商传媒：社会各界对湘湖公学一直非常关注和期待，马上要揭开面纱了，大家非常想了解您创办湘湖公学的初心与期许是什么？

叶翠微：这是基于我自身生命经历的反思。我1977年考大学，18岁到武汉，1982年参加工作，在沙市教学研究室担任生物教研员，1995年上广西，任北海中学校长，2000年来杭州，任杭二中校长。一路走来，我从一个学生到一个父亲，到一个校长，有多种身份的转换。

在这些身份里，作为一位父亲、一位校长，我有着深深的遗憾。作为父亲，希望孩子接受最好的教育，并且能够从容地学习和生活。作为校长，很多时候被功利因素牵引，如果没有强大的自制力，就会找不到北。

从这个意义上讲，一个父亲对教育有"热"渴望，但是一个校长对教育要"冷"反思，两者的诉求存在着天然的鸿沟，这两种角色交织在一起，我开始慢慢感悟，能否在家长与学校之间架起一座"跨湖桥"。

作为一个教育人，我有很多优秀的学生，考入北大清华的有500多人，考入"双一流"学校的有8000多人，还有许多考入了世界最顶级的名校。这些学生从天南地北回来看我，他们说起过去的学习，最难忘、最感动的是学校给予他们的自由时光。面对气度雄远的北海中学，面对气象万千的杭二中，面对气势磅礴的海亮教育园，大家最终在乎的是什么？是自由。

基于这些感悟，我思考着，湘湖公学要走一条什么样的路？我觉得，这条路应该是一个校长的生命之"我"，职业之"我"，精神之"我"的螺旋式上升。这个螺旋式上升，就像一场龙卷风，心怀同样理念的同盟军，一起来抱团，一起经风雨。

因此，湘湖公学的初心从本质上讲，就是一个老校长，俯下身子，躬身拾穗，把自己曾经在路上丢失的精神贝壳重拾起来。干教育，一定要回归到教育的本质，从人出发，让孩子在自由的天空下慢慢长大。湘湖公学在浙江教育五彩缤纷的版图里面，是一棵小草、一朵小花，不与人争艳，只与大家共芳华,你有你的精彩,我有我的靓丽。我们的期许是通过湘湖公学的创建,在闻堰这块土壤上形成教育共同体,"公""民"同建,让教育之花静静开放。

杭商传媒:这是一幅让人充满期待的教育图景。请您具体谈一谈湘湖公学的办学理念和学校样态。

叶翠微:我们的办学理念非常浪漫,具象地讲叫做"少年派,致未来"。

作为一个校长,一个办教育的人,能够面对一群少年,是上苍对我们的眷顾,我们要像珍惜自己的生命,像鸟儿爱惜自己的羽毛一样善待孩子,也就是儿童本位。致未来就是一定要做好的教育,让人面向未来。"少年派,致未来",就是要在儿童本位、生命本位、成长本位的层面,让孩子有未来、有明天、有希望。

"少年派,致未来",比较宏观,往小里说,我们的办学追求是"育大写的'人'"。具体就是,追求人的完整与完整的人、人的幸福与幸福的人、人的未来与未来的人。好的教育应该是"五育并举",让人完整。好的教育是追求人的幸福,而不仅仅是人的成功。好的教育,一定要面向未来,让人能拥抱未来。未来有两样东西撬动着我们的生活版图:一是日新月异的科技,使我们不得不快步走,不得不拥抱越来越精彩的世界;二是时代发展的不可确定性。世界正经历百年未有之大变局,人们从工业文明的学习走向后工业文明的学习。后工业文明的学习,在很大程度上是人的健康、人的心性、人的创造、人的合作、人的分享,这些要素最终使我们成为一个真正大写的"人"。

湘湖公学的办学理念是"人皆有才,人人成才,让每个生命出彩"。"人皆有才"讲究有教无类,起点公平;"人人成才"讲究因材施教,过程公平;"让每个生命出彩"讲究各得其所,结果公平。有教无类、因材施教、各得其所,这是教育三个永恒的话题。教育还要追求三个公平:起点公平、过程公平、结果公平。通过这样的办学追求,最终形成闭环。这是一个宏大的理想,朝这个宏大的理想,哪怕是迈出一小步,对教育发展来说也许就是一大步。

基于这样一种办学理念,湘湖公学应该有什么样态呢?

第一个样态,是一群追梦人同唱一首歌。家长是追梦人,学生是追梦人,老师是追梦人,校长是追梦人,我们同唱一首歌。这首歌是孩子,是孩子的成长、幸福与未来。

第二个样态,是一个教育玩家的乌托邦。我总喜欢把自己称作为一个教育"玩"家,当然不是一般的"玩",是发乎一种心性、慧根和格局。我认为,教育可以超然一点、随性一点。但其中又当有一份更大的理性和真诚。

第三个样态,是一场教育的真实出演。现代教育取得了很大成就,但是有一个我们不得不正视的现象,就是一个字——"假",令人匪夷所思。陶行知先生讲教育,"千教万教,教人求真;千学万学,学做真人。"先生诠释教育的魂是什么?那就是"真"。

叶圣陶先生也是这样认为。叶先生在1983年元旦写了一篇文章,叫《作文与做人》。他讲得很有意思,一个孩子作文写得洋洋洒洒,可以得高分。但是这个孩子在公交车上,看到一个老太太站在他面前,却视而不见。在叶圣陶眼里,这个孩子不应该得高分,因为他的人格没有完整构建。前苏联著名教育家苏霍姆林斯基,在当时的制度文化下,也特别反感虚假,主张要讲真话。

这些大师的所思、所想、所为启迪着我们,能否从充满着功利、狭隘、琐碎的教育中自我走出,让孩子成为一个大写的"人",由真到善，由善到美，这是湘湖公学要做的事。

总结起来，"少年派、致未来"，就是要有一份浪漫色彩，追求育一个大写的"人"。在这个过程中，我们在乎的是追梦，在乎的是教育的乌托邦，在乎的是教育的真实出演。

杭商传媒：一群追梦人，育一个未来大写的"人"。接下来如何展开呢？我们了解到，来湘湖公学应聘的老师被称为教育追梦人，将一起做一些很有意义的事。请您介绍一下湘湖公学的团队。

叶翠微：要打造一所名校，办学、上课、陪伴等一切的核心是人。这是学校创办者一定要认真思考的。首先要找到人，只要人找对了，世界就对了。

在遴选教师团队的时候，我们有一个标准，简单讲就是"高大上"。

"高"，概括的讲是"三高"，第一是学历高。目前来应聘的年轻人，几乎都是研究生学历。第二是品位高，我们有很多青年才俊，各有特长，各有韵味，各有气质。第三是颜值高，一群养眼的人走在了一起。

"大"，是大气。教师团队要讲大气、包容、多文化背景。看到我们的教师队伍，大家的评价一是有气场，二是正能量。见到这样的教师团队，就知道湘湖公学会是怎样的。

"上"，是上档次。团队中有清华北大的毕业生，有世界排名Top30学校的优秀毕业生。比如，艺术学科总监，是从英国留学回来的博士后，数学老师中有浙大博士，还有一位小伙子，原本在加拿大学习STEM课程，在上海有很好的工作，现在也选择来湘湖公学。

这些优秀的教师，从天南地北汇聚到湘湖公学，我们选人着重三点，第一必是爱心满满，第二是教学高手，第三是特长突出——好的玩家、好的杂家、或者是好的闲家。现在很多年轻朋友，不知道"闲"的味道。闲其实是很美的,它是一种心境和状态，轻轻地去上班，悄悄回到家里，闲适如羽，安静自在。

加盟湘湖公学团队，面试老师的时候，我们用的方法叫做"六菜一汤"，"六菜"是一起烹饪、一起登山、一起品书、一起游戏、一起看演出、一起聊天。"一汤"是上一堂公开课。面试的整个过程我都参与了。

详细来说，第一是做菜。这一关考查的是应聘者有没有生活情趣。我认为一个懂得烹饪的人是有生活情调的，是有体验感的人。教学不仅是上课和刷题，老师也应该有生活情趣，教育才不会枯燥。

第二是登山。通过这一关考查应聘者的毅力、身体素质和运动习惯。登山不是简单的征服，应该是一种享受，一种眺望，"会当凌绝

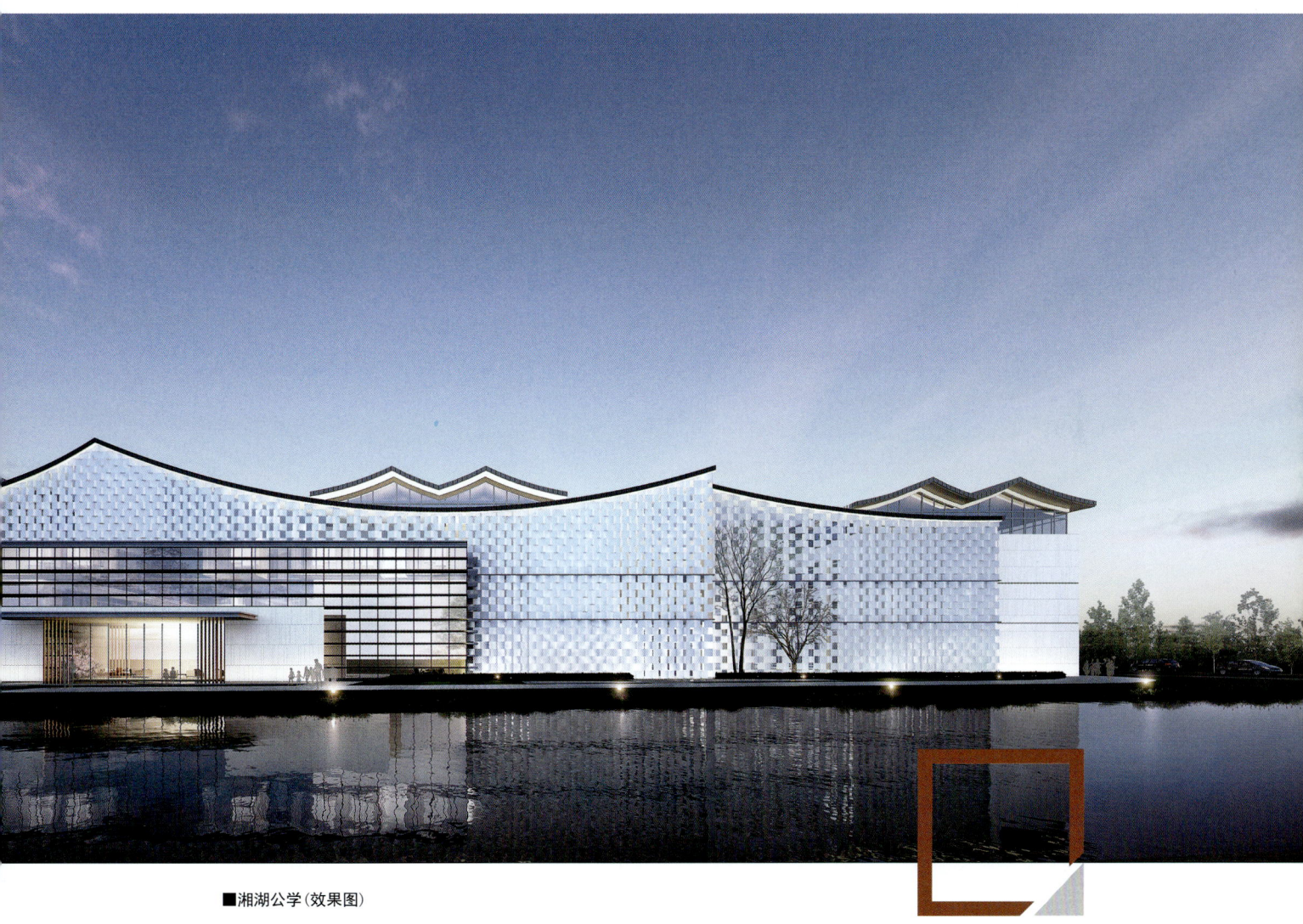

■湘湖公学（效果图）

顶，一览众山小"。

第三是一起品书。这一关想考查应聘者有没有阅读的习惯，在阅读过程中是否会思考，内心有没有互动。人的阅读经历会写在脸上，流在血脉里。和孩子们相处，如果没有阅读面，仅仅只有试题，只有考试，孩子会对这样的人敬而远之。

第四是一起游戏。想看看应聘者会不会玩，是否机智，有没有童心。席勒在《美育书简》中提到，人只有在"游戏"时，才能摆脱自然的强迫和理性的强迫，获得真正的自由。所以，游戏的目的就是让人拥有童真、童趣。有童心的老师更能被孩子认同。从我多年的教育经验看，孩子喜欢一门学科，往往是从喜欢这门学科的任课老师开始的。

> 湘湖公学的办学使命始终是"为党育人，为国育才，为孩子谋幸福"，由此学校的意义就是要为孩子、为社会、为未来形成一种共建的、向上的、积极的校园精神，使学校既充满浪漫的人文情怀，又肩负起培养新时代建设者的重任。

访谈 | INTERVIEW

第五是看一场演出。可以是戏剧，可以是芭蕾，也可以是音乐会等等。考查的是应聘者的审美情趣。要培养孩子的审美能力，老师首先要有审美情趣，让艺术的欣赏成为自己生活的一部分。透过一个人艺术欣赏的阅历，能看到他的心灵世界，老师的内心必须是清澈美好的。

第六是大家聊一聊，开个神仙会，谈谈自己的未来、抒抒情怀。我会观察对方是否真实，是否自然，是否善谈，是否充满着一种浓浓的人的本色。想借关于未来学校、未来教育的共同畅想，了解应聘者的教育情怀、梦想和愿景。

最后的"一汤"，让应聘者上一堂大课，我不在乎有弱点，但要有风采。使出十八般武艺，看看有没有别人无法替代的绝活，有没有无法替代的潜质，有没有让人特别欣赏的地方。

杭商传媒：除了教师团队，大家还很关心学校课程。您之前说过，湘湖公学会设置1000门以上的兴趣课，给学生充分自由空间。在课程方面，湘湖公学特色之处是什么？

叶翠微：人之为人，是因为人与人是不同的，各有各的精彩。给孩子们的课程也要因材施教。基于此，湘湖公学提出，开设1000门选修课，这是一种教育的浪漫情怀，更是我们要奋斗的目标。

湘湖公学开设选修课的前提是，坚守对国家核心课程的高水平实施，在此基础上形成学生学习的丰富样态。在湘湖公学，针对国家必修课程，主要抓住三点，第一是核心素养，第二是学科思维，第三是跨学科融合。

湘湖公学校本课程将构建"211"课程体系。所谓"211"课程体系，就是从小学一年级到初三，湘湖公学要求学生必做100件事。比如，在春天小草发芽的时候，赤着脚在草地上行走，闻闻青草带着春天露水的味道。再比如，教师节这天，举办"大手握小手"活动，让学生当一天"小先生"，高年级同学给低年级同学当老师，全校只留几位老师进行常态的安全管理。

第二是完成100个实验。让学生了解人类是如何诞生，如何一步一步走到今天。那些改变人类命运的科学发现，要让学生亲自去实验、去验证。比如光合作用实验，人类因为发现了光合作用原理，才从农耕文明的田间劳作走向大规模工业化栽种，从而改变人类命运。

针对高年级同学，还有必做的11个跨学科项目学习。比如，研究一个城市的交通堵点在哪里、痛点在哪里。这可以唤醒孩子，通过跨学科项目学习解决现实生活中的问题。

这些课程不是空中楼阁，湘湖公学有一个高位的学习平台来支撑"211"课程。我们设置了少年工程院，其中有建筑中心、交通中心、家政中心、STEM中心。我们还有少年商学院、少年博物院、少年梦剧场、少年书画院等等。

杭商传媒：从管理角度来说，湘湖公学运营理念是什么？

叶翠微：总结起来是两点。第一是有爱。第二是用心。

有爱就是每一个管理者，从门卫到老师，到其他的教辅人员，一定要坚持学生第一，一定要坚持用爱呵护孩子的成长。因为爱是教育的本质，没有爱就没有教育。

第二是用心，所有涉及到学生成长和生活的点点滴滴，都要放在心头。比如学生怎么来学校，我们要合理安排接送，海亮有25年的接送营运经验。

再比如孩子吃得怎么样。湘湖公学的一个极大亮点，就是由杭州G20峰会食材主要供应商海亮明康汇提供鲜材配送，膳食质量得到最大的保证。我们还把食堂作为生活的课堂，通过这个特殊的课堂，培养孩子们的仪式感，设置生日宴、校长"助力趴",让孩子有机会和校长零距离接触,拉拉家常,给孩子一份难忘的生命体验。每个月,会设定一个主题饮食文化,让孩子们学习餐桌礼仪。把食堂变成课堂,很重要的一点,是让孩子有高位的生活习得,让孩子做一个有尊严、有规矩、懂体面的人,举手投足之间,甚至拿筷子吃饭的礼仪,也是一种修养。

关于吃,湘湖公学还会有一个延伸服务。家长工作忙碌,回家可能来不及做饭,通过提前预约,可以在学校和孩子一起共进晚餐,共营家的温暖。

湘湖公学的教育服务还有很多,学生特长、兴趣将得到延伸,游泳、击剑、钢琴、写字、唱歌等等,我们都会为孩子提供学习平台。

但有一点,湘湖公学的住宿,目前只能尽量满足初三学生。我们强调的是,学习的事尽量在学校解决,家长有能力要尽量陪伴孩子。在湘湖公学,希望家长把孩子们带回家的时候,不为孩子作业忙碌,多一些亲情分享。

杭商传媒:*刚刚讲的是一些软实力,下面聊聊硬科技的应用。随着我国"新基建"的推进,大数据应用走进各行各业,其中也包括教育。在湘湖公学,将会有哪些数据赋能教育的场景落地?*

叶翠微:讲到这个话题,我作为一个老校长有一份反思。我在杭二中17年,有时候想,如果从上任第一天开始,把主要活动和工作的数据做沉淀,17年以后进行数据的分析、优化、优选,最终形成数据资产,这对学校办学会是巨大的贡献。但遗憾的是,当时没有这样的意识。

想象一下,一万多学生,每一个学生有自己的画像,放到云平台上,经过合理算法的处理。当家长带着孩子来学校问我,孩子往哪个方向发展更好?我给出的建议,不仅仅是基于经验,而是建立在科学数据分析的基础上。这是很美妙的一件事。

如今,杭州这个城市基于互联网诞生了城市大脑,又由城市大脑进而延伸出教育大脑。未来教育一定是个性化的,甚至会私人定制,一人一表,而通过数据赋能,因材施教完全可以成为可能。

最重要的是,在湘湖公学,我们将通过学校大脑,给孩子、老师、家长、校长以及年级、班级、教研组等不同的个人和群体画一个画像,让我们始终能够保持一份职业的敏锐,依照数据积淀,对自己有一个冷静的审视,同时也可以有一种同伴的分享。

我们会基于孩子的学养做画像,可以看到孩子借了多少本书,阅读的时间是多长,有没有做读书笔记。把这些数据集中起来,沉淀以后,会形成生动、可信的孩子画像。比如,评价某个孩子读书习惯不错,这是定性描述。有了画像,可以定量分析,知道孩子借阅量在学校的排名,所借书籍是以文史哲为主还是以理科为主,知道孩子的兴趣点在哪里。

通过数据,还可以进行基于学生学业成绩的精细化指导,如果学生某个题型得分率稳定在95分以上,那么就要把更多精力放在其他知识点,不需要反复操练。

当然,我们会会充分尊重学生的隐私,对数据管理设定严格权限。只在不涉及学生的情感因素、隐私因素情况下,才对学生家长一对一公开数据。

杭商传媒:*前面您也提到了家长对孩子的陪伴作用。家校协同教育提出已久,但仍然存在诸多现实问题。在家校协同方面,湘湖公学怎么做?*

叶翠微:湘湖公学不仅仅是一个学校,更是一个学习中心。我们鼓励学生、家长、老师在不同方向、不同层次上共同学习,从而

访谈 | INTERVIEW

■ 湘湖公学（效果图）

湘湖公学追求的是，让孩子的无限可能成为可能，给孩子留下一份空间，让他们能够更自主、更高位、更强大地成长。

能够共振、共享、共情。我们的学习中心将通过开放式学习样式，组建学习综合体，形成家校系统新范式。我们有一个基本的思考，家校协同一定要立足自我成长，着眼孩子高位的个性和持续的发展，最终给孩子的人生打下扎实的底子。

学校和家长虽然各有分工，彼此承担不同的责任，但是目的是一致的，是为了孩子的成长。湘湖公学通过家校共育课程为家长服务，学校将家庭教育和学校教育合二为一。

首先，在育人问题上，学校会分享专业知识，让家长充分共享资源，提高家长对孩子专业化指导能力。同时，针对每个孩子的不同情况，请家长为老师提供个性化的教育经验。

第二是提供教育技能。基于真实问题情景，使家长有解决问题的能力。比如，学生痴迷电脑游戏、手机不离身，家长怎样做到热问题冷处理，怎样与孩子对话，怎样审视孩子肢体微妙的变化。要让家长学会共情，唤醒家长对孩子的理解尊重。教育孩子，是双方共同经历的生命体验，是共同学习、共同成长、共同建构的过程。在这个问题上，家长亦学生，学生亦家长，是平等的。

总而言之，家长也好，老师也好，学生也好，我们都是追梦人，湘湖公学将通过课程化的考级制，形成长效学习的教育联盟，彼此守望。

杭商传媒：在海亮教育担任总校长的这几年，您在教育方面有哪些新的思考和感受，如何在湘湖公学付诸实践？

叶翠微：在海亮之前，我在体制内做了35年教育，我深刻感受到，体制内的教育的确能让孩子受到很大呵护。来到海亮以后，我看到了民办教育的另外一种风采。

在海亮，我希望让公办教育和民办教育协同发展，同唱一首歌。两者不是对抗关系，更不是对立关系，应该是协同关系。

我在海亮有三部曲。第一步了解什么是民办教育；第二步寻找公办教育和民办教育的协同发展方式；第三步回到教育的原点，办真正的教育。

杭商传媒：湘湖公学是一所九年一贯制学校，从小学到初中，涵盖了孩子重要的成长历程。学生从湘湖公学毕业，您希望培养出怎样的人？

叶翠微：前面提到了湘湖公学要培养一个大写的人，这是一种生命的本真，大写的人是完整的人、幸福的人、未来的人。

育人过程中我们要回应两个问题，一是回应大师之问，就是钱学森之问，为什么我们的学校总是培养不出杰出人才？中国的一流人才能否万丈高楼平地起？湘湖公学想要做好这件事。不能说我们所有思考都是对的，但是我们认为，应该以人为本，回到教育的原点，让教育在相对自主，学生相对自由，家长相对自信的状态中，慢慢地朝这个方向走。

第二是大国之治。大国之治最需要的是两类人才，一类是能够实现从0到1的原创性人才。现在的教育解决了从1到100的问题。要实现从0到1，需要我们保护孩子的童趣、创造力、好奇心，不过多过早地用功利主义教育把童真异化。大国之治还需要胸怀天下的人才，为民族、为中华崛起怀有雄心壮志。现在的孩子们，很多被亚文化大大异化了，这不是时代主流。中国要真正实现从人口大国到人口强国，就需要有各行各业杰出的人才。

湘湖公学追求的是，让孩子的无限可能成为可能，给孩子留下一份空间，让他们能够更自主、更高位、更强大地成长。对于学习成绩优异、学习习惯良好、身体健康、志向远大的学生，可以不布置作业，不参加考试，给孩子更多自主时间。

我觉得，教育要追求张择端的清明上河图，但更要走向黄公望的富春山居图，山峦叠起，生机盎然。

责任编辑/楼燕红
除署名外，本文图片均为湘湖公学供图

访谈 | INTERVIEW

周德文：
企业活着，是一种社会责任

□杭商传媒记者　马晓才/文

人物名片

周德文，经济学家、
民进中央经济委员会副主任、浙江省人民政府特约研究员、
师董会智库首席经济学家、国家发改委中国发展50人、国科智库中国经济30人、
杭州湾智库特聘专家、中和正道集团主席。

杭商传媒：不寻常的2020年，快近尾声，许多企业拼尽全力，幸运活到现在。但是，有不少民营企业，只能永远停留在2020年的"春天里"。有人认为，这意味着中国企业的"倒闭潮"已经来临，对此，您怎么看？

周德文：2020年突如其来的新冠疫情，使得国内经济停摆了两三个月。疫情过去，百姓收入有所降低，消费低迷，各行各业变得萧条，生意很不好做。而于企业而言，工资和房租却要一直支付下去，这就导致不少中小企业现金流枯竭，发生经营困难而倒闭。

数据显示，2020年第一季度，中国有46万家公司倒闭。2020年开年至今，全国注销的企业数超过80万家，估计到年底，这一数字将更加严峻。

近些年来，中国许多中小企业本来就挣扎在破产边缘，在这次疫情对供需两端的冲击下，其困难进一步加剧。还在苦苦挣扎的中小企业，经过风雨洗礼，许多都伤筋动骨。一些面临严重债务危机的民企，在破产还是硬挺之间徘徊与彷徨，不知道路在何方。

我认为，我们不必悲观，形势固然严峻，但这并不一定意味着中国企业的"倒闭潮"已经来临。当然，如果任其发展，则确实不能乐观。

杭商传媒：一旦出现中小企业"倒闭潮"，将会给我国经济、就业、社会稳定等带来重大负面影响，并危及国内的制造业产业链及其地位。"企业倒闭潮"关乎社会稳定盘，面对错综复杂的经济形势，您有什么见解？

周德文：没有企业，就保不住就业。很多中小企业倒闭了，一些企业纷纷裁员，很多外面打工的农民工都不得不返乡。2020年全国普通高校毕业学生数量为874万人，相比2019年增加了40万人。受疫情影响，不少企业在春招求职季紧缩甚至取消了招聘名额，近60%的应届生"深感就业压力"。

中小企业是我国经济发展的重要力量。有数据显示，我国中小企业贡献了50%以上的税收，60%以上的GDP，70%以上的技术创新，80%以上的城镇劳动就业。中小企业是国民经济和社会发展的生力军，是建设现代化经济体系、推动经济实现高质量发展的重要基础，是扩大就业、改善民生的重要支撑。中国当前劳动力人口大约8亿，其中就业人员约7.7亿，包括农业就业2.01亿和非农就业5.7亿。而民营企业与个体户提供的就业人数就达3.8亿，占全部非农就业人口的66.7%，他们同时也是大众消费的主力军。

中小企业创造工作岗位，为员工提供收入，按其比例，是经济的基本盘，关乎中国经济的活力和社会稳定，在平时或许不起眼，在经济困难的时候则会突显。基本盘动摇，其他扶持政策很可能会事倍功半。

企业活着，是一种社会责任。只有企业活下去了，员工才能有收入保障，才能真正刺激消费，为社会创造更多的价值。

企业本质是劳动者劳动交换的载体，企业与社会各个方面有着多层次、紧密的经济关系，具有清晰的社会属性。企业相当于社会的经济细胞，承载着社会物质生产和服务的供给，也承载着社会的责任。每家现存的企业都不是独立的，而是整个社会经济运行生态链中不可或缺的一环，如果中小企业出现倒闭潮，必然严重影响到经济生态链上下游的正常运行。

因此，企业能够活下去就是对社会最大的贡献。当企业都熬过去，迎来的将不仅仅是企业自身的春天，也是社会、人民的春天。

杭商传媒：您刚刚提到企业活着，是一种社会责任，这一点我非常赞同。是的，于企业而言，要承担社会责任，前提是必须活着。那么，活下来后，他应该承担的主要社会责任，到底是什么？为什么？

周德文：企业活下来后，他应该承担的主要社会责任，我认为应该是共同创造社会财富。

虽然许多企业面临着严峻的运营挑战，但我们要看到，每个企业是社会中重要且能产生重大影响的组成部分，这个时候尤其需要企业团结利益相关

访谈 | INTERVIEW

者,如用户、经销商、政府机构,以创新思维为社会问题中的特定群体提供帮助。企业社会责任需要我们长久的坚持,这样最终成果才会对我们自己、周围人和整个社会有帮助。每一个参与其中的个体也能够共享最终成果。

中国的企业最应该重视的是以下三件事:第一,必须能为自己提供的产品和服务承担起社会责任;第二,依法纳税;第三,在中国今天的形势下,企业家最稀缺的应该是把更多的资金用在扩大自己的经营、更多的就业机会上。

在目前这样一个特殊的形势下,企业要把创造就业放在首位,以社会责任铸就未来。不把问题推向社会,不裁员就是对社会、对国家履行了自己起码的责任,以示企业在人类和全球经济共同面临的遭遇当中担当社会责任。

杭商传媒: 您在一次演讲中说过这样一句话:活下去,熬过去就是春天。面对困局,您认为中国的中小民营企业如何才能活下去,熬过去?

周德文: 首先是企业自救。第一,企业家要和时间赛跑,积极地开展全方面的自救计划。保持现金流不断,极尽可能减少损失;第二,提高运营效率,如企业每次借贷为总量借贷,如果并不需要采购原材料的时间段,资金总是闲置的,将资金闲置成本累积到全年,对中小企业可能是不小的数目,如果可以对资金进行精细化管理,财务成本将大大降低;第三,加强与上下游的联系,联合自救;第四,根据实际情况,创新运营方式。如借助先进的数字信息技术系统,可以大大提高效率,节约人工成本。比如一些企业为了提升采购工作,会借助ERP中的采购管理模块来优化企业采购流程,减少采购浪费、增强盈利能力。

其次,依靠政府帮扶。在疫情面前,让尽可能多的企业存活下来,不仅是企业的责任,同时也是政府和全社会的责任。

企业强则经济强,经济强则国家强。企业从它诞生的那一刻起,就已经承担了不可推卸的社会责任;而社会对企业也负有相同的责任,必须扶持企业成长。社会应该为企业特别是民营企业创造公平的竞争环境、公正的法律环境、和谐的社会环境等必要的经营环境。

疫情之下,社会经济运转短期受到较大影响,此时社会和企业需要共同努力,相互支持,共渡难关,企业活下去就是最有社会责任的表现,社会帮扶企业同样是社会责任的表现。

再者,借助社会力量走出危机。企业危机拯救的关键点在于恢复"造血"功能,而非单纯的"输血",有些企业家甚至借高利贷还债,只不过是拖延了债务爆发的时间,而对企业没有实质性的改善。只有借助外界资本,进行产品、订单的有效运转,逐步恢复"造血"功能,假以时日,企业很有可能走出谷底,杀出一条血路,再创辉煌。

因此,对于已经陷入困境,债务负担沉重,资金链断裂,资产被申请保全,生产经营停滞的危机企业,除了积极自救之外,还需要经验丰富的专业人士进行指导,借助其专业的方法和工具、丰富的经验积累、雄厚的资金实力,以及在产业整合领域的资源,对企业实施债务、业务、资产的三维重组,成功化解企业危机,帮助企业搬走压在身上的债务巨石,企业才有可能走出危机,恢复正常生产经营。

困境企业就像一匹病马,把马杀掉分肉还是把马救活卖钱?其实美国一些对冲基金,在权衡救"马"的成本和风险之后,专门收购"病马",重整后再卖出去,这一点值得借鉴。

活下去才是"硬道理"。留得青山在不愁没柴烧,考虑过生死才会活得安宁,对企业来说,企业活下去才是硬道理,存长久是企业的终极目标。

为了自己也为了社会,只要活着就有希望,只要活着就有意义。尽管疫情的影响深远,但是最难捱的日子已经过去了。

冬天来了,春天还会远吗?

责任编辑/沈丽萍
本文图片由被采访者提供

"最多跑一次"
改革向社会治理领域的延伸与发展

□ 谢梅英/文

"最多跑一次"改革，是浙江省委省政府顺应新时代发展要求，探索创新"八八战略"实践载体的重大举措，是践行以人民为中心的发展思想，推进全面深化改革、再创体制机制新优势的战略抓手。"最多跑一次"改革推进以来，取得了良好的实效，不仅百姓纷纷点赞、企业普遍叫好，还得到了党中央、国务院的充分肯定，中央深改办明确要求向全国推广。继"最多跑一次"改革后，为进一步贯彻落实十九届四中全会精神，加快推进治理体系和治理能力现代化，2019年起，浙江省将"最多跑一次"改革的思想、理念、作风运用于社会治理领域，探索推进"最多跑一地"改革，以区、县（市）为重点，通过打造一站式服务、就地解决矛盾纠纷的县级社会矛盾纠纷调处化解中心，努力实现群众反映诉求、化解矛盾纠纷，真正实现"只进一扇门""最多跑一地"。以杭州市为例，2020年以来（截止9月30日），全市已建成县级矛调中心15个，共接待群众116574人次，受理矛盾纠纷34747万件，化解30642万件，群众满意度达99.1%。目前，各地正在积极推动矛调中心由物理整合向化学融合升级。

启迪：推进"最多跑一地"改革的重要意义

从"最多跑一次"到"最多跑一地"改革，是浙江省委省政府贯彻落实习近平新时代中国特色社会主义思想，践行以人民为中心发展理念，正确处理改革、发展、稳定关系的创新之举，也是深入贯彻落实中共十八届五次全会提出的"五大发展理念"之创新发展理念的务实之措。作为中国革命红船起航地、改革开放先行地、习近平新时代中国特色社会主义思想重要萌发地，浙江省探索推进县级矛调中心建设，努力实现社会治理领域"最多跑一地"，既是推进"最多跑一次"改革向社会治理领域延伸拓展的重要举措，也是新时代"枫桥经验"的新发展。

一是，"最多跑一地"改革是践行以人民为中心发展思想的实际行动。近年来，浙江省大力推进"最多跑一次"改革，群众对政府提供政务服务、公共服务的获得感、满意度得到了大幅提升。同时，群众投诉举报、矛盾化解等还存在多地跑、反复跑的问题，信访总量仍在高位运行，越级上访问题比较突出。探索建设县级矛调中心，有利于整合县级社会治理方面的资源力量，切实回应群众诉求，化解县域矛盾纠纷，让老百姓遇到问题能有地方"找个说法"。

二是"最多跑一地"改革是实现改革、发展、稳定有机统一的关键之举。党的十八大以来，习近平总书记创造性地提出"坚持把完善和发展中国特色社会主义制度、推进国家治理体系和治理能力现代化作为全面深化改革的总目标""发展应该是科学发展和高质量发展""稳定也是硬道理，抓发展、抓稳定两手都要硬""要坚持正确的思想方法，坚持辩证法"等一系列重大战略论断，为我们党在新时代正确处理改革发展稳定关系提供了科学的世界观方法论指导。改革、发展、稳定的关系是辩证统一的，改革是动力，它的决定性作用不仅在于解决当前经济和社会发展中的一些重大问题，推进社会生产力的解放和发展，还要为我国经济的持续发展和国家的长治久安打下坚实的基础。发展是目的，是硬道理，中国解决所有问题的关键要靠自己的发展。稳定是前提，没有稳定的政治和社会环境，一切无从谈起。无论是"最多跑一次"还是"最多跑一地"，都是以改革为切入点，前者解决的是发展问题，后者解决的是稳定问题，两者都是全面深化改革的重要战略抓手，是服务改革、发展、稳定大局的关键之举。

三是，"最多跑一地"改革是贯彻落实创新发展理念的务实之措。十八届五中全会首次提出创新、协调、绿色、开放、共享五大发展理念，强调坚持创新发展必须把创新摆在国家发展全局的核心位置，不断推进理论创新、制度创新、科技创新、文化创新等各方面创新。推进"最多跑一地"改革，正是"最多跑一次"改革理念、思想、作风在社会治理领域的创新运用。如果说"最多跑一次"的关键在于职能重构，那么"最多跑一地"则是在资源整合的同时实现力量下沉，其精髓在于对县一级矛盾纠纷和信访处理力量、资源、平台的整合，是将碎片化的社会治理向整体性的社会治理体制转变的重要探索。

四是，"最多跑一地"改革是发展新时代"枫桥经验"的生动实践。浙江是"枫桥经验"发源地,曾创造了乡镇(街道)综治中心、基层治理四平台、"网格化管理、组团式服务"等一大批经验做法，并在全国推广。探索建设县级社会治理综合服务中心，是浙江省坚持和发展新时代"枫桥经验"的又一创新举措，可为全国推进基层社会治理现代化提供新的实践样本。

镜鉴："最多跑一地"改革与"最多跑一次"改革的联系与区别

从面上看，"最多跑一次"改革和"最多跑一地"改革，都是对民众与政府打交道的过程进行改革，关注的重点在于民众能否"少跑腿"而"多办事""办成事"。为此，如何突破制度藩篱，以人民为中心推动改革，将涉及政府多部门的多件事变成民众眼中的一件事是改革的必由之路。

从本质看，"最多跑一次"改革和"最多跑一地"改革，都是刀刃向内的政府自身改革。改革的内涵是复杂的，牵涉到政府多部门多环节，是"一揽子"改革，为此，如何坚持系统思维谋划改革，以整体政府理念推动各部门间的协同联动是改革的关键环节。

从路径方法看，把握数字化发展趋势，以数据共享推进政府数字化转型，以大数据、云计算、人工智能等先进技术提升治理效能是推进改革的必然要求。

"最多跑一地"改革在理念上脱胎于"最多跑一次"改革，两项改革都是我省推进全面深化改革的重要战略抓手，但由于涉及改革的领域不同，两者还是存在着诸多差异。

首先，改革立足点不同。"最多跑一次"改革更多着眼于经济发展问题，以深化行政审批制度改革为切入点，以创新政府服务方式来打造最佳营商环境，通过更好地发挥政府作用全面激发市场活力。"最多跑一地"改革更多着眼于社会稳定问题，以打造一站式服务、就地解决矛盾纠纷的县级矛调中心为切入点，通过整合包括信访、司法、社会力量在内的各种资源，实现群众反映诉求、化解矛盾纠纷"只进一扇门""最多跑一地"，进而营造良好的信访生态和社会生态。

其次，服务对象不同。"最多跑一次"改革主要面向办事群众和办事企业，调整的是政府和市场的关系。"最多跑一地"改革则主要面向需要进行矛盾调解的双方或多方，调整的是政府和社会，及社会成员之间的关系。

再次，参与主体不同。"最多跑一次"改革参与主体相对单一，主要是政府与行政相对人。"最多跑一地"改革参与主体则更为多

元化，既包含政府、公民，也包含基层组织、社会组织和各类社会成员。

最后，评价标准不同。"最多跑一次"改革以推动政府部门高效、清廉、文明为最高目标，以办事群众和办事企业的满意度为主要衡量标准；"最多跑一地"改革则以案件事了、社会和谐为最高追求，以矛盾纠纷化解和矛盾调解对象的满意为主要评价标准。

展望：运用"最多跑一次"改革的思想、理念、作风，切实推进社会治理领域"最多跑一地"改革

"最多跑一次"是以人民为中心的现代管理服务的先进理念和优良作风，不仅对政府自身改革管用，而且普遍适用于各领域改革。既要将"最多跑一次"改革蕴含的思想、理念、作风推广运用到"最多跑一地"改革，更要紧紧围绕社会治理领域的特殊规律，具体问题具体分析，系统推进"最多跑一地"改革。

首先，在理念上，坚持为民服务理念和整体政府理念。"最多跑一地"改革要着力加快社会治理领域各类矛盾纠纷的调解化解速度，就必须实现人民群众能够在"一地"进行矛盾纠纷的申诉、回应、解决，即"一扇门进出，事情全办清"，真正体现"以人民为中心"。一是推动县级各类平台成建制入驻或功能性入驻。这是"最多跑一地"改革理念和方法的创新运用，即多平台入驻，从而形成多元化的业务办理机制，整合多个部门、各类专业人员入驻，保障群众诉求能够有门可诉、有人可管，且能够得到专业人员的指导和帮助。二是将"多中心"整合为"一中心"。将传统的社会矛盾纠纷解决部门转变为区域的社会矛盾纠纷调处化解中心。通过整合力量资源，做到一个窗口处理，将群众纠纷的处理集中在社会矛盾纠纷调处化解中心，有效避免群众多地跑、多地排队的情况，从而提高办理质效，同时也大大增强政府部门的公信力。三是整合各类项目资源建立一条龙服务体系。基层群众在遇到矛盾纠纷时，想要通过政府相关部门来解决，往往会涉及多个窗口、多个环节，甚至是多个地方，给群众带来了较大的不便。此时除了建立一中心的解决机制之外，还要建立一条龙的服务，即将矛盾调处、信访接待、诉讼服务、法律咨询、心理帮扶等各项服务充分融合，让群众在同一窗口办理所有服务。

其次，在动力上，用好全面深化改革和数字化手段"双引擎"。重点是要加强新技术与新机制的有效融合。一是进一步深化矛调中心作为信访和矛盾纠纷调处化解平台的功能。突出"两端同赋能"，提升矛盾纠纷化解整体效能。"前端"面向群众，重点突出便捷有效，综合运用在线矛盾纠纷化解平台、"移动微法院"等做法，用数字化手段尽量简化矛盾调解流程，缩短流转时间，扩大矛调"产出"，推动群众线下办事向"线上调"、"网上办"延伸。"后端"面向系统内部人员，重点突出精准精细，注重加强资源整合应用，推进流程再造，实现矛盾纠纷受理、流转、处置、反馈、考核的闭环管理。二是进一步深化矛调中心作为社会治理事件处置平台的功能。加快推进矛调纠纷多元化解协同应用场景建设，实现各种社会基层元素的多元汇聚、标准叠加和可视展现。一旦出现突发事件、群体性事件、公共安全事件，中心可以及时感知、快速响应。三是进一步深化矛调中心作为社会风险研判平台的功能。通过汇聚大量的社会治理信息和数据，及时发现影响社会和谐稳定的苗头性、倾向性、趋势性问题，将事后处置转变为事前干预，实现精密智控。

再次，在方式上，既要扩大联动参与，又要处理好政府与市场的关系。坚持构建公共服

务型政府，努力发挥各类社会组织的积极作用。当前，社会矛盾纠纷调处主体多元化，应进一步完善市场化机制，整合最广泛的调处力量构建社会治理共同体，形成治理合力。一是以人民调解为基础，筑牢矛盾纠纷第一道防线。巩固以乡镇（街道）、村（社区）人民调解组织为主，企事业单位、区（县、市）和行业性、专业性人民调解组织为重要组成部分的人民调解组织网络体系。完善调解员选拔、培训、保障、激励机制，深化领导干部带头进中心化解纠纷。二是以行政调解为抓手，推动行业领域专业化调解。坚持各类矛盾纠纷"谁主管谁负责"原则，协调推进公安、民政、规划与自然资源、生态环境、市场监管等部门成立行政调解委员会，对行政复议、诉讼案件进行案前调解。三是以律师调解为补充，有效推进矛盾纠纷调解市场化。进一步发挥律师调解在化解社会矛盾、促进依法治理中的专业优势和实践优势，针对案件标的大、案情疑难复杂、专业性强的纠纷，引调到律师调解。探索以市场化方式开展律师调解业务，借鉴中介咨询机构按服务时长收费模式，向当事人收取调解费，推动律师参与调解工作。加强激励保障，通过政府购买服务形式，解决部分经费问题。四是鼓励社会力量参与调解工作。加大引导和支持力度，鼓励心理工作者为调解工作提供心理辅导、危机干预和心理救援等服务。对个人设立调解工作室、社会组织设立调解机构的，应简化程序，并鼓励出台相关补助政策进行扶持。

最后，在方法上，坚持顶层设计与基层探索相结合。"最多跑一次"改革经验启示我们，在加强宏观思考和顶层设计的同时，也要鼓励基层大胆试验、大胆创新，不断为顶层设计提供脚本、积累经验。一是推进立法保障。借鉴"最多跑一次"改革经验，以地方立法形式进一步巩固、规范和促进矛盾纠纷多元化解工作。特别是要总结矛调中心前期建设运行中的经验做法，在国家层面相关法规缺位的前提下，推动矛盾纠纷多元化解机制的地方立法，依法明确社会矛盾纠纷各类解决主体的地位、作用及职责任务，规范其纠纷化解行为，以有效统一整合各类资源。二是夯实基层基础。进一步明确市、县、乡、村四级在矛盾纠纷化解中的功能定位，发挥市级"指挥部"的牵头抓总作用，落实好区县（市）矛盾纠纷"终点站"的属地责任，强化镇街矛调中心"主阵地"的吸附功能，夯实村社（网格）"桥头堡"的隐患排查功能，着力构建市、县、乡、村"金字塔"形的矛盾纠纷化解体系，促进四级联动化解矛盾纠纷。三是加快推进改革试点。尊重基层首创精神，鼓励不同区域结合各地实际开展差别化试点，加大改革探索力度，为全省乃至全国提供可借鉴、可复制、可推广的经验和做法。

要继续以"最多跑一地"改革为切入点，根据省委袁家军书记的重要指示精神，着眼加快推进治理体系和治理能力现代化，聚焦加强和改善党的领导，对理念、机制、工具、手段、方法进行全方位、系统性、重塑性变革，树立利民为本、法治为基、整体智能、高效协同的理念，运用数字赋能、改革破题、创新制胜的手段，掌握综合集成、迭代升级、久久为功的方法，完善系统谋划、专班运作、比学赶超、政策激励的机制，加强和创新社会治理，推动更深层次改革，忠实践行"八八战略"，奋力打造"重要窗口"，不断谱写新时代中国特色社会主义在浙江生动实践的崭新篇章。

责任编辑/沈丽萍

以张骞为镜，万事利丝绸走出了"新丝路"

□杭商传媒特约撰稿人 李 斌 张 渊/文

【编者按】万事利集团创始人沈爱琴在缔造万事利丝绸的时候有一本经，就是要让万事利丝绸成为行业领跑者，成为中国对外开放的一张金名片，在她的带领下万事利走过了市场鼎盛时期的辉煌；作为二代传承人的屠红燕和李建华"念"着这本经，让中国丝绸作为中国文化的代表真正走向了世界，在新的丝绸之路上亮出更锦绣的色泽，交出更辉煌的成绩。正是因为万事利人有着张骞这样的家国情怀，有着对中国文化的尊崇，有着对国家法治的尊重，有着对商道深刻的理解，才会念好产业报国、实业保国、文化为国、科技兴国这本经，这样的民营企业才是国家需要、人民需要、市场需要、世界需要的企业。

丝绸行业从古至今都不乏让国人引以为豪的故事。2000多年前，一阵驼铃从西安带出繁华，一代名商张骞和他的骆驼成就了丝绸之路的故事。2000多年后，杭州万事利丝绸文化股份有限公司以精湛的技法，成就让世界惊叹的故事。

在国内丝绸行业领域，万事利集团是一家老牌企业，前身为杭州笕桥绸厂，创办于1975年。万事利丝绸是万事利集团的全资子公司，成立于2007年，从2017年起变更为股份公司，从事将中国传统丝绸文化与创意设计、数码印花生产工艺相结合，研发设计、生产与销售丝绸相关产品的业务。

万事利丝绸董事长李建华对丝绸企业经营、丝绸文创产业等领域都有着独到的见解。万事利的故事、丝绸的文化，在李建华看来，

特稿
SPECIAL ISSUE

■ 万事利集团董事局主席屠红燕

■ 李建华先后两次登上央视《百家讲坛》栏目传播丝绸文化

> 万事利的故事、丝绸的文化，在李建华看来，这一切所得都归结于"对丝绸的一种爱，对丝绸传承的一种责任，对丝绸在我们这个时代应该保存下来的一种精神"。

这一切所得都归结于"对丝绸的一种爱，对丝绸传承的一种责任，对丝绸在我们这个时代应该保存下来的一种精神"。

技术变革，一条丝巾背后的数字创新

笔者在万事利丝绸位于杭州下沙的数码印花车间内看到，一台台经过改造升级的双面数码印花机正高速运转。

公司在2010年左右即开始布局数码印花生产工艺，经过多年研发与生产经验积累，目前已总结形成了数码印花数字化色彩图库，实现成品呈现的颜色与输入颜色基本一致，形成了公司数码印花色彩管理核心技术，做到"所见即所得"。

通过大量的研究和应用，万事利丝绸形成了前处理、精准定位喷印和印后处理环节的关键工艺，开发出双面同花同色、同花异色、异花异色等双面数码印花新产品，解决了丝绸面料的弹性和渗透问题。该技术融入了大数据、云计算等智能化手段，高效解决了业界普遍存在的色彩正反面透色不均匀问题，有效克服了手绘等复杂图案无法精细呈现在面料上的技术难关，使产品花型得到更为个性化、多样化的高品质呈现。

简而言之，万事利丝绸的这项"独门绝技"能轻松让丝巾的正反两面出现同花同色或者同花异色。看似简单的技术，即便是一线奢侈品牌，也无法完全实现真正意义上的双面印花，在世界范围内都属行业领先。

李建华说，从最初只靠引进国外技术、设备为国外品牌做廉价贴牌加工到如今反向输出新技术、新品牌，这是中国丝绸时尚产业崛起的一个标志性开局。

事实上，在由传统制造业向文化创造转型的过程中，万事利丝绸充分意识到数字化带来的推动力。从2010年起，企业深耕智能技术、移动互联、大数据分析等信息化领域与传统丝绸的结合，把数据思维贯穿于运营管理、生产、设计、营销等方面。

2020年4月，李建华被微软（亚洲）互联网工程院选为人工智能创造实验室专家顾问，他在丝巾设计计算构图算法、元素的工程呈现和颜色心理学等方面都有很深的研究和认知，万事利丝绸也已开始依托人工智能技术，研发定制化专属丝巾设计及新零售生态链。

未来丝绸的设计是完全智能化的，AI与人类设计师协作，更能洞悉消费者的需求，从而满足个性化定制。在2020年万事利丝绸打造的一款名为"西湖一号"的人工智能丝巾设计平台的支持下，每一条丝巾都可以有专属纹样，为丝巾赋诗、加载歌曲，并专属定制、专属生产，而且效率也大大提高，消费者很快就能拿到量身设计打造的专属产品。

万事利一向重视研发创新。截至2019年末，万事利丝绸专利数量达124项，其中发明专利26项。万事利丝绸系全国丝绸标准化技术委员会及全国服装标准化技术委员会委员单位，截至2019年末，万事利丝绸主持和参与制定的国家、行业、团体标准合计27项，均为丝绸相关领域，体现了公司在丝绸行业内的领先地位。

李建华说，未来，万事利将通过核心技术研发、新零售模式创新、产业互连等举措，不断探索丝绸产业的无限可能，让丝绸真正融入生活的方方面面。

民族品牌，
不缺席国家每一场世界盛会

作为丝绸文化的传承人，李建华在丝绸文化的传播上不遗余力。

他曾作为首位登上中央电视台《百家讲坛》的企业家，主讲了红楼梦与丝绸的文化基因；他还通过新媒体《丝路密码》，讲述丝绸之路上不一样的故事；他作为主编，出版了丝绸文化系列丛书，成为丝绸业界的宝典。

"我们每个中国人都有丝绸的基因，有对丝绸的情结，所以我潜心研究丝绸，不断写书、上节目。我们有这个愿望，要把丝绸做成中国的文化，要成为杭州的标志，要成为走向国际的品牌。"李建华的话，让人感受到一种特有的冲击力，充满激情，直逼人心。

"在中国的每一场盛会，万事利都没有缺席。"万事利集团董事局主席屠红燕每次都十分自豪地向大家介绍公司情况。确实，从APEC会议，到北京奥运会、上海世博会、广州亚运会、南京青奥会，再到杭州G20峰会……万事利丝绸一次又一次在世界舞台上展示了丝绸文化的唯美内涵，成为一个向全世界传播中国文化的窗口。

2016年在杭州召开的G20峰会上，处处都可以看到丝绸的作品和万事利的影子，"直播现场、会议现场后面的背景画是丝绸，G20峰会招待客人的桌上用的产品也是丝绸"。据屠红燕介绍，G20峰会他们开发了8000多件丝绸产品，包括给各个国家的邀请函、国家元首寝具和生活用品、送给各个国家元首的国礼等，万事利把中国丝绸代表性产品一一展现在了G20峰会上。

特稿
SPECIAL ISSUE

■万事利丝绸用双面印花技术做出的丝巾

■黄金蚕丝被

"这是我们丝绸人的一种自豪感的流露。"李建华会心一笑,"我们在讲盛会上的万事利的时候,其实我们更想说的是我们对丝绸的一种爱,对丝绸的一种责任和对丝绸在我们这个时代应该保存下来的一种精神,那是中国5000年文化留给我们的特有的精神"。

"这件事跟钱、商业没有一点关系,因为遵守天道才是我们中华文化的核心内涵。我只是想我们杭州人应该要有这样的能力、能量,在全世界都关注的时候,大家眼里不能没有丝绸。"在屠红燕一代丝绸人的眼里,中国的文化自信正是源自于这里,不是讲一块丝绸的面料,也不是讲丝绸一个花型,而是我们对中国文化的一种理解。

深耕文创,
让传统文化时尚起来

与一场场国际盛会的美丽邂逅,让万事利看到了融入中国传统文化创意的丝绸原来是那么受欢迎。"这种邂逅让我觉得,丝绸,不再只是一种面料。"李建华说。

"千里迢迢来杭州,半为西湖半为绸。"这是一位当代诗人不经意间流露出来的心声,也在印证着西湖与丝绸是杭州最具代表性的两张历史文化名片。李建华隐隐觉得,万事利该扛起"振兴中国丝绸"这面大旗。

万事利丝绸去全世界找最古老的丝绸文物,找全中国即将失传的丝绸工艺文化传人,建一个万事利丝绸文化博物馆;即使不产生经济效益也把他们"养"起来,这些不计回报的事,出于李建华对丝绸文化的热爱。"我只希望把老祖宗的文化传承下去。"他说。

可如何跳出丝绸做丝绸?万事利丝绸人摸索出"传统产业+文化创意+高科技=新兴产业"的转型升级路径。在走这条路的过程中,万事利丝绸进入了文化创意产业领域。

"文化创意",看似简简单单的四个字,对于万事利丝绸来说,可谓标注出最为闪亮的一笔。丝绸+扇子、丝绸+茶叶、丝绸+陶瓷……近年来,万事利丝绸大胆试水"丝绸+"的跨产业合作,已将丝绸消费与文创旅游产品结合起来。

■ 万事利丝绸与故宫文化联合推出了一系列年文化礼品

2019年11月,"基于让文物'活'起来,让传统文化'时尚'起来"的共同理念,万事利丝绸与故宫文化联合推出了一系列年文化礼品,从外包装到产品设计都体现出浓郁的中国年文化特色。双方相继推出印有葫芦元素的"故宫红"真丝围巾、带如意锁的笔记本、精致的丝绸红包等"万福如意"系列套装。对此,故宫博物院原院长、故宫学院院长单霁翔表示,丝绸是祖先的智慧结晶,将传统文化与丝绸结合、走向世界,受众人追捧。

2020年8月,由人民日报文化传媒有限公司主办的人民日报文创与万事利丝绸股份签署战略合作协议,双方共同推出"中秋国潮礼盒"和"美好生活蚕丝被"等多款联名产品,成为线上线下的爆款。

"丝绸是中国五千年文化史上从来没有断过的文化,让中国优秀传统文化的生命力经久不衰,除了要有传承,更要有创新。"万事利丝绸股份董事长李建华表示,过去四五十年,万事利完成了从"产品制造"到"文化创造"的突破,实现了从"传统产业"向"文化创意产业"的转型,正通过现代化人工智能与大数据技术赋予丝绸新的生命力。

李建华说,未来,万事利将通过核心技术研发、新零售模式创新、产业互连等举措,不断探索丝绸产业的无限可能,让丝绸真正融入生活的方方面面。

力抗疫情,
展现浙商担当

2020年初,一场突如其来的疫情打破了所有人的生活节奏,当

特稿
SPECIAL ISSUE

■ 万事利丝绸的口罩无尘生产车间

> 作为杭州的名片，中国的民族品牌，万事利丝绸第一时间展现出一家优秀企业的社会责任和应变能力，临危受命，兼职做起了口罩。

时举国上下都投入"抗疫"，作为杭州的名片，中国的民族品牌，万事利丝绸第一时间展现出一家优秀企业的社会责任和应变能力，临危受命，兼职做起了口罩。

浙江省政府给万事利下达了口罩生产任务，接到任务后，万事利决定对原本生产服装的生产线进行调整，临时改为生产口罩。李建华谈及这次疫情的应变能力，眼神中仍带着光，"根据临时任务的要求，万事利每天要组织生产50万只口罩"。

"我们当时上下齐动员，从生产丝绸品到生产一次性民用口罩，只用了短短几天时间就完成了生产线改造、工人培训、口罩打样……口罩日产能很快就突破了100万只。"回想起当时的场景，万事利丝绸股份董事长李建华依然使命感十足。

当时，万事利将投产的首批5万只民用口罩走下生产线，经过严格质检、包装后捐赠至杭州市江干区红十字会，用于疫情防控第一线。疫情期间，万事利丝绸紧急调拨了大量的蚕丝被、洗护用品和保暖物资等，通过江干区红十字会送往武汉抗击疫情的第一线，用于医护人员、隔离群众的应急值守、日常使用等疫情防控基础工作。此外，万事利丝绸还在疫情期间向援鄂医护人员捐赠自主研发的小分子蚕丝蛋白护肤品及丝巾；还策划了一线医生家属为医生送创意丝巾的活动，上千名医生在完成抗疫任务后收到了一份家人给予的惊喜。

乡村振兴，深耕蚕桑产业全链条

2020年在中国历史上是具有特殊意义的一年，是坚决打赢脱贫攻坚战，全面建成小康社会、完成第一个百年目标的决胜之年。从精准扶贫到乡村振兴，万事利集团多年来一直以高度的社会责任感和历史使命感，积极参与全国工商联、浙江省和杭州市等各级单位组织开展的"万企帮万村""千企结千村、消灭薄弱村""联乡结村"等乡村振兴专项行动，并充分发挥产业资源、技术、服务、品牌等各项优势，通过建设高品质蚕桑基地、特色产业文化馆、党建结对等方式不断探索万事利特色扶贫路径，以实际行动积极践行党的十九大提出的乡村振兴战略，为推动城乡一体化建设贡献民营经济的智慧和力量。

作为集团旗下最具辨识度的核心产业，万事利丝绸也成为了集团践行社会责任、助力乡村振兴的先锋力量。从2018年开始，万事利丝绸就率先在开化建设集约化、规模化的特种蚕产业示范区，通过对寺坞村、溪东村及周边村土地进行流转和返租、桑园新建与改造、农具机械的开发改造、小蚕共育室和养蚕大棚建设、数字溯源系统和质量监控等举措，建立规模化自动化养蚕基地培育黄金茧、丝胶茧、抗菌茧等高附加值特种蚕茧，从源头布局绿色优质产业链体系，在保障高品质原材料的同时，提高农户收益，帮扶当地经济发展。

开化县溪东村是市级"一村一品"蚕桑专业村，蚕桑作为当地的支柱产业，支撑着村里90%农户的生计，全村276户中有200多户依靠种桑养蚕为主要收入来源。但随着现代化进程的加快和市场经济的冲击，截至2017年底，开化县桑园地规模从原有6000多亩跌至2000多亩，养蚕利润逐年降低导致大量年轻劳动力外流。

而万事利丝绸基于对市场的精准把握，提出了"健康丝绸"的概念，并依托强大的自研技术陆续推出了黄金蚕丝被、丝绸面膜等主打纯天然、绿色环保的高功效丝绸产品，深受市场欢迎。由此延伸的特种蚕桑经济也为溪东村的发展注入了新动力。

为了引导蚕农们科学、规范地饲养特种蚕，万事利丝绸在溪东村建设了小蚕共育室和养蚕大棚，将旧宿舍改造成"蚕宝宝"的"托儿所"。蚕种进入共育室两周后再由蚕农领养：一来减少户户建温室的麻烦，二来科学共育也提高了蚕宝宝的存活率和抗病防疫属性，从而提升产量和质量。

作为特种蚕茧之一的"黄金茧"是万事利高端黄金蚕丝被的主要原材料，较普通白茧拥有产量高、品质优、抗病性强等诸多优势。2019年，白茧市场收购价为每斤18.5元，万事利丝绸向蚕农金茧的购价为每斤25元，按照每张蚕茧产量40～50公斤测算，平均每张蚕产值达2000～2500元等，效益较普通白茧提高30%以上。再加上小蚕共育模式的推广，让特种蚕存活率大大提升，以往散户一年养两次蚕，现在最多可以一年养四次蚕，年产量的提升也为蚕农创造了更高的经济收益。

万事利还在四川、贵州、广西等贫困山区建立种桑养蚕基地和定点采购基地，助力当地经济发展和产业提升。

李建华对万事利丝绸未来的发展构想十分宏大，"万事利会紧紧抓住做丝绸的这根丝，运用现代科技创造更好的丝绸产品，运用现代科技实施智能化生产，开辟更为广阔的市场空间，回报国家、回报社会。将前沿的科技和古老的丝绸文化结合在一起，让丝绸更时尚、更艺术，也以更有创意的方式走进人们的生活，让文化传承，让生活美好"。

责任编辑/楼燕红　供图/万事利

特稿
SPECIAL ISSUE

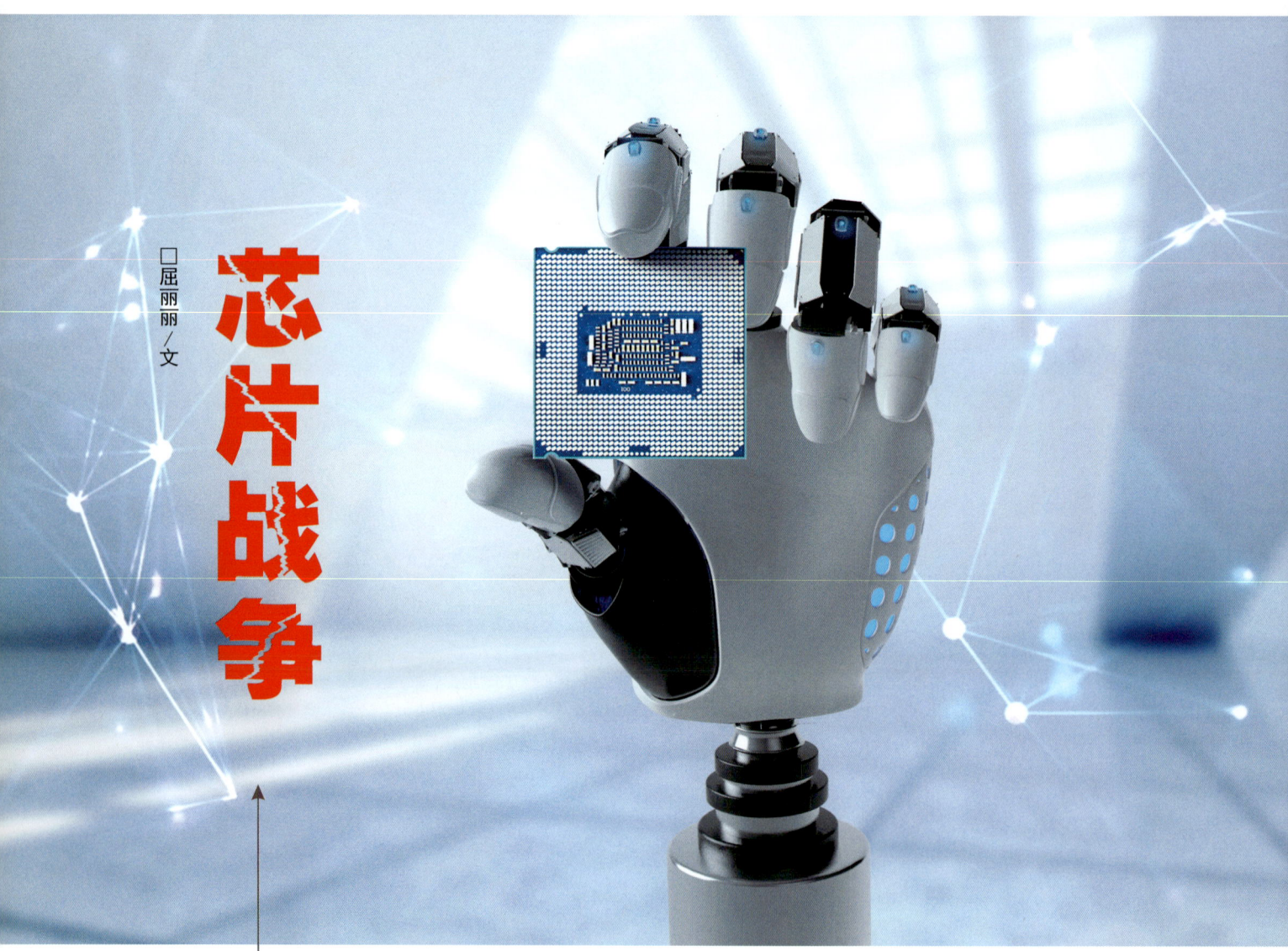

芯片战争

□屈丽丽/文

2020年9月14日，软银集团（SoftBank）和英伟达（NVIDIA）正式发文，宣布双方已达成最终协议，NVIDIA以高达400亿美元的价格收购芯片设计公司ARM。该收购价格比四年前软银孙正义从纳斯达克证券市场私有化ARM时的价格高出了80亿美元。

然而，与四年前更大的不同在于，软银是投资基金，而英伟达则是业界翘楚，是全球GPU（Graphics Processing Unit，图形处理器）和AI芯片领域的领导者，它与ARM的结合将重塑芯片产业格局及其竞争边界。

ARM是全球最大的芯片IP供应商，全球超过95%的智能手机和平板电脑都采用ARM架构。由于长期以来保持商业模式上的中立和开放态度，ARM在全球的生态伙伴超过1000家。迄今为止，ARM的授权商已售出1800亿颗芯片，苹果、三星、华为、高通等企业都是ARM架构的授权客户。

相比四年之前软银押注ARM技术将成为未来设备连接的关键，进而布局物联网领域的目标不同，英伟达显然有更大的决心，那就是通过自身GPU与ARM的CPU的搭配组合，将其拥有的人工智能技术做成标准，进而打造AI时代的绝对影响力。

本文将重点关注这个产业转折点，并从产业、市场和法律博弈的角度，阐述这场没有硝烟的战争、各方的角力，以及可能的变数和方向。

技术之争：扼住物联网和AI时代的咽喉

"不要问我们，应该去问高通，他们应该更紧张。"对于英伟达收购ARM一案对芯片产业界所带来的影响，一位受访者直言不讳。

为什么英伟达收购ARM会给业界带来如此巨大的影响呢？

答案在四年前软银收购ARM的时候就已经露出端倪，因为ARM技术直指未来的时代——物联网世界。

ARM的前身为艾康电脑，1978年创立于英国剑桥。1985年，艾康电脑研发出采用精简指令集的新处理器，名为ARM。后来虽然因为艾康电脑出现财务状况，ARM被分割为独立的子公司，但长期以来，ARM奉行开放和独立的政策，可以将半导体IP授权给任何需要的企业，被称为"全球半导体行业的瑞士"，从而构建了移动处理器领域的王者地位。比如曾经在业界呼风唤雨的苹果A11、高通骁龙835等芯片都基于ARM的指令集而设计。

有数据显示，全球90%的智能手机处理器和其他类型的移动芯片都使用的是ARM公司的芯片设计。

正是看好ARM技术将成为未来设备连接的关键，2016年，孙正义以320亿美元代价（溢价40%）私有化ARM，将其从纳斯达克退市。

事实上，作为独立公司的ARM也并不傻，他们看好孙正义通过对美国运营商的收购而构建的云端能力，双方一致认为通过合作推广ARM的技术将在未来15～20年产生巨大的商业机会。比如孙正义曾在ARM美国举办的TechCon大会上发表主题演讲，声称物联网如同寒武纪大爆炸一样，将带来1兆个物联网设备。

只是这场收购还没有带来预期的目标，就因为软银自身的财务问题和多个投资项目的失败不得不忍痛割爱。当然，从ARM角度来看，在软银旗下的四年，也并未实现其理想中的进一步商业化的目标。

芯片产业从业者李枫（化名）告诉记者："这几年发展快的芯片主要集中在神经网络处理器上和数据中心上，主要的市场份额都被高通、英特尔、苹果等占据了，ARM还需要在商业化上继续加强。"在李枫看来，"用ARM授权的公司挺多。但是ARM赚的钱不多。在芯片产业链上，大部分钱还是被高通、苹果等赚走了"。

这与ARM的收入模式不无关系。软银的财报显示，ARM的收入主要包括两部分：一是针对IP授权的前期授权费（License），包括ARM架构和ARM IP；另一是根据每颗芯片售价按比例抽取版税（Royalty）。

公开数据显示，ARM 2017~2019年的营收分别为18.31亿美元、18.36亿美元和18.98亿美元。这样的收入规模不仅与苹果、高通、高达千亿美元的营收相去甚远，而且一旦减去高昂的研发费用（占总营收的40%），ARM的利润也不容乐观，2019年ARM的净利润仅为2.76亿美元。

更重要的是，这家在技术上拥有无限想象空间的企业，在营收增长上却显示了足够的疲态，这样的现状显然不能让公司管理层满足。这也让英伟达的出现成为偶然中的必然。

对于这起收购引发的质疑，英伟达创始人兼CEO黄仁勋在一封致员工信中表示，"我们将延续ARM的开放式授权模式，保持其客户中立性，为全球各个行业的客户提供服务，并利用NVIDIA全球领先的GPU和AI技术进一步扩展ARM的IP授权组合。"显然，通过这样的IP授权组合提升ARM的议价空间，不失为一项良好的策略。更何况，两家技术巨头在GPU和CPU上的联合将进一步打造其在AI时代重要的影响力。

"新增的计算场景里面，已经没有英特尔的产品了，比如边缘计算，可能是英伟达的市场；比如物联网，可能ARM多一些；比如手机芯片，那就是高通和苹果多一些。而ARM所拥有的技术之于未来的商业机会一定是在物联网上，所以，英伟达收购ARM，是志在物联网，让更多的移动设备安装ARM芯片。"李枫告诉记者。

事实上，截至2020年，ARM合作伙伴已经出货了超过1600亿个基于ARM的芯片，英特尔、英伟达、苹果、高通、三星等众多厂商，苹果的A系列处理器，采用的都是ARM架构。而创办于1993年的英伟达，凭借其GPU的方案更适合深度学习所需的并行计算，以及其过去构建的产业生态系统，业务快速扩张，在人工智能领域攻城略地。

英伟达公司首席财务官Colette M. Kress曾表示，增长源自人工智能产品组合的丰富，以及不断出货。英伟达的芯片越来越多被使用在计算机以外的设备上，逐渐成为人工智能服务器的新核心。

但这样的发展模式也让英伟达与英特尔短兵相接，原本在不同领域发展的两家企业，因为都要进入人工智能领域，纷纷通过收购补充自身业务。而ARM之于英伟达的意义，在这种巨头间的博弈中显得异乎寻常。

"不管这场收购是否源起于英特尔的竞争，但它实际造成的影响是巨大的，不管是技术竞争的维度，还是产业竞争的维度，抑或更加复杂的国家间竞争的背景，很多在ARM架构上进行芯片研发的企业都将寻找备选方案。"分析人士表示。

■ 市场之争：复杂的多边博弈

在ARM的历史上，2010年的故事很特别。当时苹果曾希望以80亿美元收购ARM，但被当时的ARM首席执行官Warren East婉拒。因为ARM是一家独立的公司，只做芯片设计开发，并不直接生产。

但也正是这一点,让ARM在业界脱颖而出,越来越多的芯片厂商有信心持续购买其IP授权。如今,英伟达的收购却正在打破这种信任和平衡。

这也直接引来了这场收购的首个反对者——ARM联合创始人Hermann Hauser(赫尔曼·豪瑟)。在赫尔曼·豪瑟写给英国首相的"求救信"中,他表示,"将ARM卖给英伟达会让成千上万名ARM员工在剑桥的工作受到影响,也将破坏ARM的商业模式的根本,让ARM失去半导体行业的'瑞士'地位,难以在商业竞争中保持中立"。

并由此呼吁,"如果英伟达不能同时满足保留剑桥的工作、英伟达不得享有比其他ARM客户更优惠的待遇、英国必须获得美国CFIUS法规的豁免这三个条件,那么英国政府就应该帮助ARM在伦敦证交所进行IPO,使其成为一家英国公司"。

事实上,不仅仅是赫尔曼·豪瑟,很多市场分析师和行业研究者也纷纷撰文表示,"收购会破坏ARM的商业模式,也会让英伟达自身树立更多的竞争对手"。

"独立性是ARM及其生态系统的最重要的价值,一旦被英伟达收购,无论英伟达如何做出保证和承诺,这种独立性都会受到质疑。"一位英国市场研究员在博客中如是表示。

事实上,有消息显示,很多大厂已经在寻找ARM的备胎或替代品。比如三星、苹果早在2013年就已先后布局了自主芯片架构;高通的骁龙820也回到了自主架构上。而华为已经成功加入了ARM的竞争对手——RISC-V芯片架构阵列。这种架构和安卓一样,是开放使用的,受到了许多中国厂商的欢迎。

显然,人们普遍认为,如果英伟达不能将承诺变成"法律条文",它将无法顶住来自美国国家层面的压力,因为这不仅仅是产业和技术上的竞争,背后还将涉及地缘和国家间的较量。

这也让这场收购的未来变得复杂而不确定。比如,在英国,一方面英国政府发言人表示,英方正"密切关注拟议中的收购",但另一方面其影子商务大臣埃德·米利班德(Ed Miliband)却指责英国政府:"这家公司都要被英伟达吞并了,英国政府却什么都没做。"

而在中国,ARM和台积电是对中国芯片产业链影响最大的两家企业。台积电几乎垄断了芯片的代工生产,而ARM的技术授权则统治了移动端芯片的世界。

公开数据显示:ARM架构授权的中国客户多达150家,其中华为就获得了ARM v8的永久授权。中国基于ARM技术设计的高端芯片约有95%,中国市场贡献了ARM销售的20%左右。

正是考虑到我国绝大多数的芯片设计都是基于ARM公版架构之上,所以,英伟达对ARM的收购一旦完成,ARM将很难继续保持中立,必将成为悬在我国芯片设计企业头上的"达摩克利斯之剑",遭到美国长臂管辖的约束,就像这次的华为"卡脖子事件"一样,在更大范围上受人制约。

对此,一方面,中国芯片设计企业进一步加大对RISC-V架构的研发,从而最终摆脱对ARM公版架构的限制。另一方面,也在寻求第三方路径。

早在2016年,为解决ARM向中国输出核心技术的问题,由国内地方政府背景的基金机构出资和ARM成立了安谋科技(中国)有限公司。天眼查数据显示,安谋中国成立于2016年12月21日,注册资本6610.494414万美元。疑似实际控制人 ARM LIMITED 以总股权比例47.33%控股安谋中国。

此外,Amber Leading(HONG KONG)持股36%,宁波梅山保税港区安创成长股权投资合伙企业(有限合伙)持股13.3%,ARM Ecosystem

Holdings 持股1.7%，TL 1016Technology Limited 持股1.2%，宁波梅山保税港区安创投资管理合伙企业（有限合伙）持股0.47%。

与软银和ARM的密月期几乎同拍，2020年6月，安谋中国传出"换帅风波"。一方面是大股东——ARM公司与厚朴投资共同在安谋中国董事会决定，罢免吴雄昂董事长兼首席执行官，而另一方面安谋中国以其违反董事会召集程序和议事规则提出反对。时值数月，吴雄昂至今一直执掌ARM中国。

最新消息则显示，由于ARM罢免安谋中国CEO吴雄昂，作为投资者的宁波梅山保税港区安创投资管理合伙企业（有限合伙）近日将安谋中国起诉至深圳前海合作区人民法院。

所有这一切，都让英伟达收购ARM一案在中国反垄断的审查变得更加敏感，且充满更多的不确定性。而唯一确定的事件似乎就是ARM将来的市场份额可能不及预期，但这又可能同时影响这一并购的走向。

据公开信息显示，英伟达在这场收购中对ARM的盈利提出了目标——只有ARM的运营表现达到约定目标，软银才能拿到400亿美元"转让费"中价值50亿美元的现金或者NVIDIA股票。

由此，英伟达赌了技术市场上的明天，风险却要让已经不堪重负的软银来承担。

法律博弈：不确定的多方利益纠葛

如果说英伟达面向人工智能时代进行深入布局的决心打开了芯片产业技术竞争的窗口和新的转折点，以及如果说ARM商业模式决定的收购障碍将极大地影响芯片产业链的市场变局，那么，这场在中美科技博弈背景之下，由美国公司（英伟达）从日本人（软银）手中收购一家英国企业（ARM）的做法，则将这场跨境收购引发的反垄断审查的复杂性推向了史无前例的高度。

就在2020年7月8日，英伟达以2513亿美元的总市值超越英特尔（2493亿美元），成为美国市值最高的芯片生产商。这一方面为英伟达的对外收购尤其是换股收购获得了更强大的资金实力，另一方面也会在一定程度上影响其在反垄断审查中对市场地位的评估及相关计算。

根据律师的分析，该起并购应该会受到来自美国、英国、欧盟以及中国的相关监管部门的反垄断调查。在英国，ARM被认为是当今唯一一家能在全球产生营收和影响力的科技企业，自然引发了很多人的关注，希望其保留为一家英国公司，而不是美国公司。比如豪瑟就表示，ARM被美国公司收购可能会导致英国丧失"经济主权"。

此外，欧盟的反垄断审查则可能带有更强烈的"否定"意味，这一方面源自欧盟内部国家——法国、德国、荷兰等国在芯片产业上的布局，加上美国断供华为之后，有欧洲企业曾提出供给不使用美国技术的芯片方案，目标直指中国3000亿美金的芯片进口市场。

"从目前发布的信息来看，它们是否使用了ARM的设计框架不得而知，但ARM受限势必会影响方案提供的灵活度，这在一定程度上可能也会影响欧盟在反垄断问题上的裁决。事实上，从欧盟近年来推出反垄断调查及各方面的法案来看，欧盟一直在力求寻找与美国在科技产业竞争上的平衡点，以芯片产业之于未来科技发展的巨大影响力，欧盟不可能对这个问题没有作为。"相关律师告诉记者。

数据显示，欧盟委员会是全球对科技巨头监管最严厉的竞争执法机构之一，已经对美国四大科技巨头共计发起19起反垄断调查。2019年10月16日，欧盟宣布对博通实施反垄断临时措施。

而在中国，这起跨境并购同样需要得到中

国商务部门的批准。

显然，无论是从市场份额角度，还是从关乎国计民生和涉及本国投资者利益角度，这场并购都很难绕过监管部门的审查。

毋庸置疑，在技术、产业和市场竞争之外，这起收购将同样掀起一场全球法律技术上的博弈。

■ 观察：芯片产业发展之熵

1865年，德国物理学家鲁道夫·克劳修斯提出"熵"这一概念后的几百年间，人们逐渐认识到宇宙间一切事物都是从有序趋向无序，从平衡走向混乱和不确定，但最终又会重建平衡。

对于当今的芯片产业来说，同样处于这样一个有序到无序，有待重建平衡的状态。正如有分析所指出的，"英伟达对ARM的收购，只是撕开了芯片产业变局的裂缝"。

一家国内知名手机厂商的技术负责人告诉记者："不管有没有这起收购，CPU和GPU的整合肯定是趋势，苹果的A13、A14芯片都已经在做整合了，尤其手机业务对于GPU的需求越来越大，这会重新调整芯片产业链上不同企业的位势。"

而整合的背后，其合作将变得越发重要。最典型的就是收购数量的增加，以英特尔为例，近年来英特尔不断通过收购初创公司来实现在人工智能领域的快速扩张，甚至在路线图中标出GPU方案。

同样地，2019年，在对以色列公司Mellanox的收购中，英伟达击败英特尔，最终以69亿美元的价格成交，创下了英伟达历史上的最大一笔收购。

不仅如此，芯片产业链上的合作还有着更深刻的内涵。由于芯片行业包括一个庞大而复杂的产业链，整体上可以分为设计、制造、封装、测试四大环节，每一个环节都需要相互衔接，高度互动。仅仅在制造环节，就需要集中全球最优势的资源。以全球光刻机市场霸主——荷兰ASML公司为例，其生产的EUV光刻机由于制造难度极高，需要多个国家、多个领域的顶级公司通力合作，几乎代表着工业制造各领域的最高成果。

或者，这也正是孙正义所看到的机会所在。在他眼里，以芯片为核心，完全可以基于物联网的时代打造一个全球化链接的产业生态。

然而，孙正义错判了国际形势的发展，当国家的元素被突出强调，原本完美设计的"全球化链接的产业生态"却不得不因为各国之间的科技博弈（有时又无法绕开地缘政治的关系）而被割裂。

美国祭出的CFIUS和高科技出口管制法案首先卡住了中国科技企业华为的"脖子"，同时也不可避免地影响到这条产业链上上游企业的营收。众所周知，芯片产业研发周期长，投入巨大，一旦产品成功，很大的目标都会锁定在中国这个全球最大的消费市场，没有消费就没有收入。从这个角度来看，这是对全球整个芯片产业生态的重大打击。

根据公开报道，三星、SK海力士、台积电、联发科等厂家已经向美国商务部提交申请，希望能继续向华为提供产品。高通公司则试图游说特朗普，取消向华为出售芯片的限制，否则就可能会把价值高达80亿美元的市场拱手让给高通的海外竞争对手。

由此，无论是技术还是市场，芯片产业链在全球都面临着有史以来的最大悖反，产业链的本义需要全球性的合作和链接，而各国科技竞争的冲动又将不断打破原有的平衡。

（作者系《中国经营报》记者）

| 特稿 |
SPECIAL ISSUE

读懂深圳奇迹，照亮中国未来

□杭商传媒特约撰稿人　刘胜军/文

10月11日中共中央办公厅、国务院办公厅印发《深圳建设中国特色社会主义先行示范区综合改革试点实施方案（2020—2025年）》，指出"40年来，深圳敢闯敢试、敢为人先、埋头苦干，创造了发展史上的奇迹，成为全国改革开放的一面旗帜"。

如今的深圳，不仅是中国最具活力的一线城市，更成为科技创新的领头羊，在第四次产业革命风云席卷的当下，深圳更具时代的标杆意义。建设深圳示范区，不仅仅是为了延续深圳奇迹，更是为了给全国改革探路，引领中国经济步入高质量发展之路。

深圳奇迹，是市场力量的奇迹，是诺贝尔奖得主科斯所谓"边缘革命"的生动实践。读懂深圳奇迹，照亮中国未来之路。

过去40年我们为什么成功?

过去40年,中国做对了什么?这个问题是我们今天需要非常严肃地思考的一个问题。回答改革开放做对了什么,要跟1978年之前对标这才是有意义的。我认为主要包括以下四个变化:

第一个变化,引入了市场的力量。实际上20世纪80年代我们搞农村家庭联产承包责任制,搞民营经济,到了90年代建立市场经济体制,其实都是一步一步地把市场的力量做大,包括国有企业从政府的附属物变成了市场的主体,包括外资企业进入。所以中国从一个计划经济体变成了一个高度市场化的经济体,这是中国改革开放成功的最重要的一条,如果我们忘记了这一条,经济就会出很大的问题。

第二个变化,政府的转型。原来的政府是全能政府,什么都要管,但我们看到在90年代,政府基本上就变成了一个企业,我们称之为"地方政府公司化",最重要的事情就是招商引资。当然从今天的角度来讲,招商引资肯定有它的弊端,但与计划经济相比,招商引资已经是一个巨大的历史进步。

第三个变化,双向开放。中国加入WTO,当时大家觉得中国加入世贸组织是一个巨大的赌博,是非常危险的,我们中国的企业几乎没有跟美国企业PK的可能性——不在一个Level上,没法儿PK。但最终中国的企业没有被打垮,因为开放本身就可以倒逼改革,这就是鲶鱼效应。

第四个变化，法治化。为什么特别重要呢？市场经济是陌生人交易，比如说京东买卖东西，肯定不知道买家是谁，卖家也不知道买家是谁，大家都不认识，正是因为市场经济是陌生人交易，所以交易的机会才会被无限放大，经济才会繁荣。但是怎么样跟陌生人交易呢？当然离不开法治，如果没有法治，你怎么能相信陌生人呢？所以，法治是市场经济的基本保障，如果没有法治，市场经济是没有办法发展起来的。

吴敬琏先生后来出了一本书，这本书的名字叫作《呼唤法治的市场经济》。最初，吴敬琏认为中国只要搞市场经济就会好起来，到了2003年他做过一次反思，说当年这么想是很天真的。因为市场经济有好坏之分，如果一个国家是法治的市场经济，这就叫好的市场经济，如果是没有法治的市场经济，那就是权贵资本主义。所以我想法治也是我们改革开放一个非常重要的经验。

诺贝尔奖得主科斯对中国过去40年的成功提出了一个解释叫"边缘革命"，"边缘革命"具体指什么呢？卖瓜子的年广久一度被视为"资本主义的尾巴"，邓小平说不要抓，结果一试，民营经济就历史性地崛起了。当年搞特区，特意放在深圳，因为深圳就是一个小渔村，而今天整个中国都是特区。我们今天知道，中国已经有非常强大的互联网的优势了，但是我想我们今天能够有这样的局面非常重要的事情是因为互联网发展早期，对互联网基本上是非常包容的。正是因为不管，才有了这些奇迹，这就叫边缘革命，这就叫市场经济。要相信市场的力量，相信每个企业的力量、每个个人的力量，这个国家就能够变好。我想这是非常深刻的一个解释。

最能代表市场力量的，就是民营企业。我们知道2018年出现了很多否定民营企业的声音，一些人提出民营企业应该退场，后来我们最高领导人明确地说了"这是完全错误的"。为什么讲是完全错误的呢？因为这种说法很可怕，你看一下，民营企业的历史贡献，中国GDP增速在1978~1990年比改革开放前快了4.1个百分点，其中1个百分点来自农业，0.6个百分点来自国企，2.5个百分点来自民企。到了90年代，比改革开放前增加了5.3个百分点，其中0.4个百分点来自农业，1.4个百分点来自国企，3.5个百分点来自民企。到了21世纪，5.5个百分点，其中0.3个百分点来自农业，0个百分点来自国企，5.2个百分点来自民企。我觉得这个数据是抹不掉的，非常有说服力。中国过去40年，我们的经济增长贡献最大的就是民营企业，而且民营企业的贡献越来越大，越来越给力。"56789"是对民营企业贡献的高度概括：民营企业创造了50%的税收，60%的GDP，70%的技术创新，80%的就业，90%的新增企业和新增就业。这都是我们为什么不能否定民企的最主要的原因，否定了民企就否定了中国经济，也就否定了中国过去40年的改革开放。

人不可能两次踏进同一条河流

当然，古希腊哲学家说过，人不可能两次踏进同一条河流，过去40年的成功并不代表未来可以简单复制，最近几年的局势变化让国人已经有了切肤之痛。如何理解中国经济在2008年次贷危机后遇到的持续挑战和压力呢？

第一，稳增长的陷阱。2008年金融危机之后，主要是靠房地产、政府基建、银行贷款、国有企业在撑着经济增速，但这是不可持续的。所以我们要转型，但是到目前为止的转型非常得艰难，这是我们面临的第一个陷阱。

第二，中等收入陷阱。中等收入之前增长快那叫"低垂的果实"，到了中等收入之后还能发展才叫了不起，到目前为止，根据世界银行研究，跨越中等收入的概率只有13%，在亚洲跨越中等收入的经济体屈指可数：新加坡、日本、韩国和中国台湾。其他地方都被中等收入陷阱套住了，中国能不能跨过去？现在就是一个非常巨大的考验。

第三，塔西佗陷阱。知易行难，如何打通"最后一公里"，把改革红利落地，让市场有明显的"获得感"，这也是一个非常大的挑战。

中国未来还有三大增长空间

中国下一个40年靠什么呢？当然我们不能盲目乐观，在2008年金融危机之后，刘鹤副总理就写了一篇文章，叫"没有画上句号的增长奇迹"，他认为，中国未来只要做好三件事，就是没有问题的。

第一，中国要从世界工厂变成真正的创新的工业，要从中国制造变成中国创造。如果能做到这一点，整个国家的经济GDP就会大增。这一点，深圳有资格做老师。笔者认为，深圳的科技崛起，关键是企业家精神的绽放。

第二，消费。事实证明，不突破消费瓶颈，是要发生金融危机的。为什么2008年前不觉得消费重要呢？因为我们是借美国的消费拉动中国的GDP。很多人没有意识到这一点，消费才是一个国家经济真正的瓶颈，投资太容易了，银行有贷款就有投资；但是消费没那么容易解决。所以美国为什么在经济上强大呢？因为美国是世界第一大消费大国，这是非常重要的。"中国消费"的崛起，将是21世纪的一个重大世界历史进程。

第三，城镇化。中国有6亿农民，美国是300万农民。即使把农民工去掉，中国还有3亿农民。这说明中国的农民低效率。怎么样才能不低效率呢？农民进城，然后农村发展大规模现代化农业。小农经济是没有竞争力的，所以我们要城镇化。城市化，既是发展的客观规律，也是破解"三农难题"的必由之路，是实现农业现代化的前提。这是中国最重要的改革之一。

所以围绕如何释放改革红利，在2013年开了一次重要的会议：十八届三中全会。十八届三中全会提出了336项改革，我们称之为全面深化改革，应该讲这一次的改革方案，在国内外都得到了空前的好评，全世界都对中国充满了信心，觉得中国在朝着一个非常重要的、正确的方向前进。中央如此评价十八届三中全会的历史意义：

党的十一届三中全会是划时代的，开启了改革开放和社会主义现代化建设历史新时期。党的十八届三中全会也是划时代的，开启了全面深化改革、系统整体设计推进改革的新时代。

深水区的改革

中央之所以要求深圳担当"中国特色社会主义先行示范区综合改革试点"，一个重要原因是改革到了深水区，趟过深水区是需要勇气的，而深圳这个城市的基因就是"敢为天下先"的冒险精神。　为什么会发生深水区综合症呢？我认为有两个重要的原因：

第一，后发劣势问题。杨小凯当年和林毅夫有过一次著名辩论。杨小凯说，中国最大的危险是后发，这是劣势。我觉得杨小凯真是非常有历史远见和深度的。他的逻辑是什么呢？因为你是一个后发国家，所以通过模仿发达国家的产品和企业管理就可以带动经济增长，慢慢地自我感觉很好了，以为自己的体制很优越了，就会导致改革动力的弱化，这就叫"观念的深水区"。

第二，利益问题。今天的既得利益集团太庞大了，政府的审批权和审批权背后的价值太高了。这个既得利益可能大到无法想像。

增长模式的抉择

我刚才讲到了后发劣势，中国要想把未来的改革开放深入下去，我觉得必须从观念上能认清楚目前的增长模式存在的问题。我们目前的模式可以归纳成为三要素：市场经济、投资驱动、强势政府。

市场经济当然是对的。但投资驱动是很有危险的，中国的投资率前无古人后无来者。举一个例子，2009~2012年，中国用掉的水泥的数量就超过了美国20世纪100年用掉的水泥数量。可是靠投资驱动最终会带来金融危机，因为很多投资到了一定阶段，投资回报率下降这是规律。为什么企业家都抱怨实体经济赚钱越来越难？因为投资过剩、产能过剩，如何赚钱呢？

与印度相比，中国发达的基础设施、高效的政府效率，都离不开强势政府体制的支撑。高铁就是一个生动的案例：中国高铁能够如此成功，与政府超强的资源动员能力是分不开的。

但是，人不可能两次踏进同一条河流。如今，中国已经过了"赶超阶段"，要突破中等收入陷阱，必须要靠创新。

所以中国未来要转型，就是必须把投资驱动改成创新驱动，把强势政府改成法治政府。要走向创新之路，我觉得大政府和创新是不兼容的。

观念决定行动

当然，中国经济前行之路不会一帆风顺——伟大的背后都是苦难，尤其是如今外部环境发生剧烈变化的情况下。刘鹤副总理写过一篇文章，他对发达国家犯的错误做了非常深刻的剖析：在面对严重危机的时候主要国家总是要犯同样的错误——特别是应当采取行动的时候总是会错过时机，应当采取扩张的时候采取了紧缩；应当采取开放的时候，采取了保护主义；应当压缩社会福利推动结构改革的时候，却出现了倒退，全都做反了。这些明显的错误事后看来很可笑，可是对当时来说实施政府的政策却困难重重，因为大危机在人的一生中仅会遇到一次，决策者缺乏经验又总是面临民粹主义、民族主义和经济问题政治化三座大山，结果就被民意所绑架。

90岁的吴敬琏先生2018年出了一本书，他这本书当中写到："尽管'使市场在资源配置中起决定性作用'已经写入第十八届三中全会的决议，但市场经济取向与回归统制经济模式之争并不会就此消失，中国的改革开放将继续呈现出巨大的复杂性和艰巨性。如果对此缺乏清醒的认识，基于市场化和法治化的全面深化改革之路将举步维艰，甚至有半途而废的风险。"

所以，面对这样一个复杂的局面，面对这样一个改革的深水区，我们非常需要深圳改革开放的2.0版本，渴望深圳精神的延续。

落实改革需要"激励兼容"

我们知道，无论是改革方案的制定还是改革的执行，恐怕都离不开官员的配合。这一点，也是王安石和张居正改革失败的沉重教训。

我们今天面临着类似的历史考验，中央已经多次警告官员的不作为、假作为、慢作为、形式主义、低级红、高级黑。在实践中表现为：以文件传达文件、以会议贯彻会议、一刀切等现象。

经济学上有一个词叫激励不兼容。实现"激励兼容"，应该成为改革的突破口。

改革要落地第一条就应该改变官员的KPI，也就是考核激励机制，也就是业绩指标。官员过去的业绩指标是什么？是GDP。不解决这个问题，改革的最后一公里恐怕困难重重。在解决官员激励问题上，新加坡的经验（一次性特赦+精干的公务员队伍+高薪养廉+提高违法成本）尤为值得借鉴。

（作者系国是金融改革研究院院长，70后经济学家代表人物之一，2014年参加总理经济座谈会，著有《下一个十年》等）

都市圈，
这才是中国未来十年的关键词

■杭商传媒特约撰稿人 刘胜军/文

过去几年，中央提出过一系列重要区域规划：
雄安新区、京津冀一体化、长三角一体化、粤港澳大湾区……
这背后，是一盘关系到未来十年最大"经济增长空间"的大棋。
这是中国经济富有想象力的一块"超级蛋糕"。

METROPOLITAN AREA

◯ 城市化成为新时代聚焦点

一个有趣且重要的细节是，在2020年8月24日习近平主持召开经济社会领域专家座谈会上，9位专家中有不少发言时谈到了城市化这个问题——

樊纲：城市化是"十四五"发展的重要支柱，现阶段是城市化进一步深入发展的阶段。这个阶段城市化的特点就是城市群的形成。中国的城市化完成了不到60%，还有巨大的潜力和非常大的前景。如何使城市化进程更加健康、平稳、均衡，使得市场持续扩大，是我们下一阶段着重考虑的问题。

陆铭：我国的城市化和城市发展仍存在多方面滞后问题。与世界上处于同样发展阶段的国家相比，我国的城市化率偏低约10个百分点。我国排名前30位的都市圈发展仍未达到与人口大国相匹配的规模。在城市中，有大约30%的常住人口是外来人口，有待市民化。在个别超大城市，非本地户籍外来人口的一半已经居住超过5年，约20%居住超过10年。由于人口的空间集聚滞后于经济的集聚，地区之间的人均GDP差距仍然巨大。要重点推进城区人口500万以上大城市的户籍制度改革，加快长期稳定居住和就业人群的落户进程。人口城市化，并向中心城市周围的都市圈以及沿海地区集聚，是城乡和区域发展的客观规律。所以还是要强化都市圈的增长极作用。

郑永年：国内一些经济学家认为"火车头"还是在老基建上的原因，新基建最多只能作为一个发力点。在我看来，中国这一轮发力的关键应当在于"软基建"：通过发展医疗、公共卫生、教育、公共住房、医院、老人院、都市停车场等，增强社会软实力。不解决"医疗、教育和住房"这三座新大山，穷人很难真正脱离贫困，中产阶层就没有制度基础。

◯ 城市化与"国内大循环"

城市化并非新课题。长期以来，中央文件都积极提倡城镇化发展，提升城市化率。为何，如今城市化再度成为热点话题？笔者认为，这与当下热议的"双循环理论"有密切联系。

最近，中国宏观经济学会副会长、秘书长王建对于"城市化"与"国内大循环"的逻辑关系，给出了深刻且大格局的历史解读。

王建曾经在1987年，也就是33年前，提出了"国际大循环经济发展战略的构想"并得到时任国家领导人的认可。国际大循环发展战略深刻影响了中国与世界。

王建认为，以国内大循环为主体、发展国内国际双循环格局，需要把城市化作为我们的主战略来提。要理解这一点，必须从当年的"国际大循环"说起。王建指出，当年提出国际大循环，一个重要出发点是利用农村剩余劳动力：新中国成立之初，要发展，就要在军事上能够做到自保，就要发展国防工业。在必须首先发展国防工业的情况下，我们主要采取了依托计划经济的体制，它的机制就是用严格的户籍管制办法，不让农民进城，进而减少对城市建设的投入。工人的工资水平相对比农民高得多。工业产品的价格卖得特别高，把农产品的价格定的比较低，通过限制城乡流动和工农产品交换的剪刀差，军事重工业实现了快速发展。与此同时，在经济发展中，也出现了一些问题，比如，大量的农村剩余劳动力、老企业长期得不到改造等。

当时，王建参加了国务院十年规划专家小组的工作。经过反复思考，他发现如果能够在沿海发展劳动密集型产业用于出口，就可以在转移大量剩余劳动力的同时获得外汇，而外汇代表一些资源的供给可以从国际市场上购买获得，比如老企业改造所需要的技术设备等。王建说："把国际国内的机会和矛盾，放在一个循环当中去考虑，既利用了国际的机会，又解决了国内的矛盾，这也是我把这个方案起名为'国际大循环'的原因。转移农村剩余劳动力的战略目标，在2010年之前得到了解决。"

在全球化高涨时代强大的外需支撑下，3亿农民工节约出来的大量剩余产品，提供给了海外，形成了大量的对外贸易，由国内的储蓄变成了外汇储备，形成了世界上最庞大的外汇储备。这一国际大循环的最高潮是2007年。彼时，美国著名历史学家弗格森发明了"中美国（chimerica）"一词来诠释当时的全球化巅峰。

但是，农村剩余劳动力的问题并未真正得到解决。王建说：工业化超前、城市化滞后，农村剩余劳动力没有变成市民的问题仍然存在。农民住工棚，十几个人甚至几十个人住一个大房间，吃着很粗糙的食物，在城里不买房、不买车，家人也不在城市。

外部需求萎缩后，城乡二元结构下的强制储蓄机制又让内部需求增长缓慢，想要解决发展问题，国内经济大循环为主成为解决方案。这也是我认为，从国际大循环到国内大循环是一条主线的原因。

当年我们用国际大循环解决了农村剩余劳动力问题，其中缺了一环，没有解决农民转化为市民的问题，农村城市化问题只完成了一半，劳动者的身份转化了，消费者的身份没有转化。这样一个机制就导致了外需萎缩之后，内需无法接替上来支撑经济增长，要想实现内需支撑经济增长，就要打开城乡二元结构。

接下来的问题已经很清楚了：内循环的关键是启动居民消费，而城市化对提升消费意义重大。王建指出：要想打开城乡二元结构，就要解决农村人口在城市定居的问题。现在农民工已经进城了，农村也没有太多的剩余劳动力了，需要解决的是农民工家庭进城的问题。把他们的父母、子女带进来，让农民工在城市有家庭，然后解决他们在城市的住房、社保问题，这些问题是我们的历史欠账，应该由政府来补上。

当年，我们发展国际大循环，把经济发展融入外向型经济，解决了农村剩余劳动力的问题，成功了；今天，我们通过将农民工城市化的方式，将农村剩余劳动力转移的下半段解决了，我们的国内经济大循环才会有效果。

如何才能解决"农民工家庭进城"的问题？王建建议：第一，我们的目标不是农民工进城的问题，而是其整个家庭进城的问题，要一块都给他们城市户口；第二，这些人进城，要解决他们的住宅和社保问题。比如，要建设大量的廉租房，国家应该拿出土地和资金建设廉租房，这个是对过去农民所做贡献的补偿；第三，还要给他们社保，其中最主要的就是医疗和养老保障，不解决这两个问题，农民工进城后不敢消费。

在给予进城农民相应的福利同时，允许他们让渡在农村的土地承包经营权及宅基地（注：1/3的农村宅基地长期闲置），留给农村那些不出来的人。用农村土地承包经营权和宅基地换取城市的廉租房和社保。

"农民工二次进城"不仅是启动居民消费的关键，也是从根本上解决"三农问题"的关键。农民进城，是农业现代化的前提。王建指出：农民工进城的另一头连着农村。目前我国规模化种植在18亿亩耕地中只占不到四分之一，农业生产方式还是以家庭为主体，没有脱离原始传统自然经营的农业。要想在2035年基本完成现代化建设，就必须完成农业的现代化。现在的农村家庭，每个家庭平均耕地占有量只有6亩多，没有办法实行大规模机械化。要想实现这种状态，就必须让更多的农民及其家庭进城，这是一个历史趋势。

○ 刘鹤十二年前的思考

对于城市化的宏大历史意义，刘鹤副总理在2008年发表的《没有画上句号的增长奇迹》一文中指出：在工业化、市场化、城市化和国际化这四个趋势中，城市化是最核心也是最复杂的命题。主要原因是，城市化是工业化的载体、市场化的平台和国际化的舞台。大量农村剩余劳动力转向城市成为市民，是消除二元结构的根本出路，也是扩大国内需求的主要依托。城市化派生的投资和消费需求是拉动经济增长的主要动力。更重要的是，正确的城市化道路选择是实现国家粮食安全的保证，我国人多地少和缺水的基本国情，决定了在城市和农村同时实现适度规模经济效益和深化分工，是实现可持续发展的客观选择。

1993年刘鹤参加瑞士达沃斯论坛。会后，新加坡总统李光耀走到刘鹤身旁说："刘鹤，中国最大的挑战是城市化，10亿人口的城市化足以改变世界，但是你们的压力将是史无前例的。"

城市化最大的阻碍不是户籍，而是观念。

刘鹤指出：中国的基本国情使得生产力布局的长期供求关系远离均衡点，城市化模式的战略选择必须是国家行为。但是，自然经济思维和利益分割的实践仍然占据主导地位。

虽然中国在过去40年城市化水平得到了很大提升，但是缺乏效率，这是真正的麻烦。刘鹤说：在过去30年，我们大约转移了不到3亿的农村剩余劳动力，但占用了将近10亿亩的农田，城市化付出的代价十分昂贵。在城市化模式选择上的犹豫，使得分工、专业化协作、规模经济、节约资源、保护环境和生态等观念的实践都面临很大困难。

所谓"城市化模式选择上的犹豫"，指的就是大中小城市之间的关系权衡。显然，刘鹤更倾向于"都市圈"。刘鹤写道：回顾近300年现代化的历史，世界经历了三次城市化浪潮，第一次是大城市的兴起，我们没有赶上这次浪潮。第二次是小城市的扩散，这是治理大城市病的自然要求，我们经历了这一次浪潮，但是对此有所误解。目前全球开始了第三轮城市化浪潮，主要特点是通过强化大城市与中小城市的交通和网络联系（city-region and networking），全面提高大城市的国际竞争力。这个趋势在伦敦、巴黎、柏林、法兰克福、阿姆斯特丹、东京、大阪等城市开始起步，大城市获得了更加重要的地位。

刘鹤明确建议：我们需要认清潮流，从我国人多地少的实际出发，按照建立主体功能区和特大城市圈的思路，从资源环境承载能力和生产力合理布局的角度做好城市群发展规划，对混乱的城市格局做一次整合，以大城市为核心，整合中小城市和小城镇，相应做好政府事权划分、财税、住房、教育、社会保障、土地利用等制度设计，培育和创造符合中国在全球经济定位的大城市圈。从战术上，需要接受发达国家和部分发展中国家"大城市病"的教训，审慎和负责地处理各类现实问题，在建立城市功能区、接受大量转移劳动力和治理大城市带来的噪音、空气和水污染、交通堵塞以及解决社会难题等方面走出符合国情的新路径。

2019年国家发展改革委发布了《关于培育发展现代化都市圈的指导意见》：到2022年，都市圈同城化取得明显进展，基础设施一体化程度大幅提高，阻碍生产要素自由流动的行政壁垒和体制机制障碍要基本消除。

要放开放宽除个别超大城市外的城市落户限制，在具备条件的都市圈率先实现户籍准入年限同城化累积互认，加快消除城乡区域间户籍壁垒，统筹推进本地人口和外来人口市民化。

2020年9月3日，上海市委书记李强在市委党校第3期中青年干部培训班做报告时强调了"上海大都市圈"的战略意义。

要把握超大城市的特点和规律，提升城市治理现代化水平。要优化城市空间布局，为未来发展开辟新的战略空间。要立足扩大内需，更加注重扩大有效投资、繁荣居民消费，更好依托长三角一体化发展和上海大都市圈的整体优势。上海与周边城市同城效应日益显现，且与苏浙皖双向赋能日益增强。

中财办原副主任杨伟民指出：城市发展应该聚焦于城市的空间发展，实现经济发展，人的全面发展，可持续发展"三个发展"的均衡。也就是说，既不能只关注经济发展，不管民生的改善和生态环境，也不能只关注民生的改善，不考虑经济发展和财力的可能。当然，也不能够只关注生态环境的优美，一味地去限制、关停，不考虑市民的吃住行的便捷性、便利性和公共服务的可获得性等。

一些城市只要白领，不要蓝领，只要大学生，不要农民工的这种"抢人大战"以及"驱赶低端人口"等都是违背城市规律的。

农村人口在向城市集中，农业用地也要按相应的规模转化为城市用地，进多少人占多少地。特大城市、中心城市等一二线城市人口流入得比较多，应该多配置土地。现在全国城市之间房价之差高达几十倍，城市间住宅空置率差异也很大。当然，原因有很多，但基础就在土地，在于居住用地和人口规模出现了失衡。

○ 都市圈与房地产

房地产已经成为巨大的社会问题和制约城市化进程的重大瓶颈。杨伟民指出：

用居住用地的高价来补贴工业用地的低价，这是我们国家目前的普遍状况，这样必然会带来高房价，最终城市的房价过高就会导致人才甚至人口的流出，城市又会失去活力和动力。生活服务用地和居住用地要均衡，生活服务用地少，就难免出现"拆墙打洞"现象。如果居住用地少，商住用地多，就会出现目前一些城市所出现的，一边是写字楼高空置，另一边是住宅短缺的"冰火两重天"。

笔者认为，都市圈的发展有多重战略意义：

一是，对于扩大有效内需、形成内循环的强大支撑意义重大；

二是，对于让农民摆脱土地束缚、实现农业规模经营和农业现代化意义重大；

三是，对于化解"房地产泡沫灰犀牛"意义重大。

毫无疑问，房地产泡沫已经成为巨大的灰犀牛，成为中央决策层的心头之忧。但是化解这一难题相当棘手，若任由房价上涨，则泡沫越吹越大，将不断挤压民众消费能力；若房价崩盘，则将导致经济和金融的系统性风险——房地产是金融危机之母。

所以，房地产最理想的局面是既不大涨也不大跌。

从短期看，由于实体经济缺乏投资机会、流动性充裕，控制房价上涨是主要跳涨；从长期看，房地产空置率居高不下与人口老龄化叠加，将导致人均住房套数不断上升，防止房价崩盘是主要挑战。

笔者认为，后一挑战比前者更为令人头痛。城市化，则是化解这一难题的必由之路。

《大国大城》的作者、上海交通大学陆铭教授指出：最为突出的矛盾就是大城市。不管是从户籍制度、土地供应导致的房价、公共服务短缺方面，还是从廉租房公租房的覆盖方面，最主要的矛盾都在大城市。大城市得松绑，户籍要放开、土地供应要增加、公共服务要多提供广覆盖。廉租房公租房你要覆盖到外地人。这么一来的话，大城市人口是不是得增长？如果增长怎么办？就要建造更多的房子。城市面积要扩张，于是大城市就会发展成为都市圈。

城市化自然会催生对住房的需求。以城市化的人口增量来化解过剩的房地产存量，是中国防范房地产崩盘的根本出路。

由于中国根深蒂固的"买房文化"，都市圈发展需要解决的一个大难题就是房地产问题。陆铭指出：在过去大概有20年的房价上涨周期里，大量房价的上涨红利是被那些早买房、多买房的富人所拥有的，这就导致了财富不均问题。

在增量上你可以规定每一户只有两套房，或者人均面积，但是在这部分增量的需求里，你不应该设身份条件，不应该按照户籍来说，你本地人就能买，外地人就不能买。对外地人，可以说在本地交了一年社保你就可以买，但是我不觉得有理由说必须要交到5年才能买。尤其是不能限制单身买房，没有任何理由限制单身买房。

结论是什么？笔者认为，都市圈，尤其是超大城市的核心区域，将是城市化浪潮"下半场"最大的受益者。杨伟民指出，服务业也有一个入门人口的基本要求，人口聚集到一定规模以后，服务业才能发展。我国有14亿人口，少数发展条件好的地区最后可以形成上亿人口规模的城市化地区，比如现在的长三角、粤港澳大湾区。总之，到2050年实现现代化的时候，我国人口和经济密集的城市化地区可能也就20个左右或20个以内，绝大多数国土应该成为农产品主产区或者生态功能区。

（作者系国是金融改革研究院院长，70后经济学家代表人物之一，2014年参加总理经济座谈会，著有《下一个十年》等）

责任编辑/沈丽萍

姚洋：国际环境变化和双循环下的企业机遇

【编者按】世界杭商大会是杭州为凝聚杭商力量、搭建合作平台、打响杭商品牌，实现杭州与杭商共赢发展而设立的重要活动。当前，我国正处于"十三五"规划收官，制定"十四五"规划宏伟蓝图的重要时期。一个以国内循环为主、国际国内互促的双循环发展的新格局正在形成。企业如何在这个期间抓住机遇？北京大学国家发展研究院院长姚洋，为大会带来主旨演讲《国际环境变化和双循环下的企业机遇》，以下是演讲实录。

"双循环"是在国际环境的变化下提出的，历史数据显示，中国经济以内循环为主的态势，实际上在过去十年就已经开始了。消费占GDP的比例是一个重要指标，在2010年，我们降到最低点48%，去年恢复到了55%，这是一个非常快的变化。所以从这个角度看，中国的双循环或者内循环已经开始。

为什么在今天这样一个节点上，要把"双循环"提出来呢？显然和过去这几年来国际形势的变化有关系。所以我今天要分享以下两方面内容：一方面是如何来判断国际形势的变化；另一方面，我们如何来认识"双循环"，或者"双循环"下我们应该做什么样的事情。

关于国际形势的变化，有两大主题需要考虑，也是我们讨论最多的两个问题。第一个是所谓的去中国化的问题。疫情在中国发生之后，我们有些产业链暂时中断，有很多人就把这种暂时的中断看作是一种长期的趋势，认为世界在去中国化。但事实上我们看到，世界没有去中国化，在中国率先走出疫情以后，中国和世界的联系更加广泛了，世界对中国的依赖度增加了而非下降了。

第二个是，会不会形成两个平行体系？美国对我们的技术打压，还有对于我们金融的一些制裁，使得有些人相信美国要把中国排除在世界技术体系之外，美国要把中国排除在其主导的金融体系之外。这会不会发生呢？我觉得是很困难的。有一些数据可以来说明。

受贸易战的影响，中美贸易下降，2020年上半年债务下降。但是从4月开始，中美间的贸易又开始增加了，到8月，中美贸易总额又回到了两国历史的最高峰。本来中国不再是美国最大的贸易伙伴，但是疫情之后，中国又重新变成美国最大的贸易伙伴。

WTO 2020年预测，全球贸易量要下降13%～30%。2020年上半年中国的出口下降了3%，但是从6月开始，就一直在正增长，从6月到9月，我们的出口增长分别是4.3%、10.4%、6%、8.7%，呈现一枝独秀的局面。我们的进口也在增长，除了8月略有下降之外，9月增长显著，这说明我们国内的生产在恢复，我们对国外原材料、配件等的需求也在增加。

再来看产业链的情况，部分高科技企业的产业链的确有所中断，在美国实体清单上的一些企业的确受到非常大的影响。2021年华为的高端芯片不能恢复供货的话，华为的高端手机恐怕就要绝版。但另外，小米、VIVO、OPPO这些手机厂家，芯片是没有中断的，也就是说影响是有的，但对于全国，影响是比较小的。尽管我们一开始出现了产业链中断的情况，但我们很快就弥补上来了。事实上，我们有些国内的厂家，又得到了国内的订单，又先行了一步。

上一轮经济危机后的十年里，中国经济在世界的份额、中国企业在世界的排名大幅度上升。我预计，全世界疫情要持续到2021年年中，而中国基本控制住了疫情，等于世界停顿一年半到两年，中国经济仍然在增长，所以我认为未来5到10年，又是中国经济占世界份额大举增加、中国企业大举领先世界其他企业的一个契机。

有人说，企业会大规模离开中国。美国雷声大雨点小，特朗普政府2019年出台了一项政策，美国企业回到美国会有税收优惠，但是绝大多数企业没有离开中国。日本政府也拿出一点真金白银，让一些日本企业把部分的产能运回日本去，让部分日本企业把中国的产能挪到东南亚去。但这些企业要完全离开中国是不太可能的，那些以中国市场为主的企业是不可能离开中国的，比如一些合资的汽车企业，在中国赚了很多钱，为什么要离开中国呢？

还有人说出口在向东南亚转移，但实际上亚太地区的生产是一个以中国为核心的网络，其中有部分是中国出口到发达国家，周边国家向中国出口原材料和中间产品。现在东南亚国家开始生产服装鞋帽了，中国向这些国家出口布匹、棉纱，所以这是一个水涨船高的过程。以前我们穿的服装都是国产，现在在商店里很多服装都是东南亚产的，这就是中国产业升级的一个很典型的标志。

中国经济在世界的份额增加。中国的GDP现在占到世界的16%，一年前中国的出口占世界不到14%，但是疫情发生之后，该比例突飞猛进，从14%上升到17%以上。我们的出口在增加，但是全世界的出口贸易量在下降。全球金融危机后，中国的GDP在2009年，只有美国的1/3，十年之后变成了美国的68%，刚好翻一番，这意味着我们相对于美国的追赶，每年是7.2%。2020年中国的GDP总量大概率将要超过美国GDP总量的73%，这是100多年来，第一次有国家的GDP总量超过美国的70%以上。

2008年，中国的世界500强企业只有37家，日本大概是45家。那一年我们的GDP总量刚好超过日本，成为世界第二大经济体，但是我们的世界500强企业总量还没有日本多。到了2019年，我们上升到129家，历史上首次超过美国，成为世界500强企业最多的国家。中国人很谦虚，十年前我们总问自己：为什么我们的世界500强企业这么少？如今是世界第一了，我们还在检讨自己"大而不强"，我们排名前十的几乎都是房地产企业和银行。但是我想告诉大家，大本身就是强。

再看技术领先的企业，华为、阿里巴巴、大疆……十年前谈到数据库，不得不提甲骨文，今天甲骨文被阿里巴巴赶出了中国，它的落伍不是因为我们的政策变化，而是没有跟上云计算的步伐，而十几年前阿里巴巴就开始布局云计算了。

数据显示，世界对中国的依赖程度在上升，而中国对世界的依赖程度是下降的。为什么会这样呢？作为经济学家，我们有时候不愿意做预测，但是在疫情发生的时候，当很多人说整个产业链要断裂的时候，我比较有信心，我说不会断裂，因为这背后有一些基本的经济逻辑。事实上我们经济学的原理没有改变，就像我们做企业，第一件事是赚钱，没有给社会创造价值、主业赚不到钱的企业就会死掉。国际分工基本的逻辑没有改变，这就是为什么我有信心。

我们现在随意拿出一个产品都是世界制造。现在全世界的贸易中，90%是中间产品贸易，在满世界转圈，由于产业链的格局，不可能把一个主要的国家排除在外。中国又有自己的优势，那些外资企业嘴巴嚷嚷，屁股却是诚实的，没有离开中国，因为中国是一个巨大的市场。我们还有强大的生产网络，华强北就是很好的例子。深圳一所大学有一间宿舍，40年前是一个造丝袜的小工厂，做了十几年丝袜开始制造电子零配件，后来产业升级，又办了一所大学，这就是中国的缩影。所以我们有强大的生产网络，还有不断提高的人力资源水平。我们每年大学应届毕业生有800万，基本上是英国伦敦的总人口，所以大就是强。

另外，我们中国人对西方的误判非常多。政府是不能命令企业做事情的，特朗普搞实体清单有国内法的依据，如果没有法律支撑就会输掉。政府要想让企业做事情，得给人家好处，也就是给钱，但是给钱也有财力约束，所以企业才是最终决策者。比如当年奥巴马建议乔布斯把苹果组装线搬回美国，乔布斯当场拒绝，因为在中国的组装利润率是64%，如果搬回美国会损失20%的利润。

所以技术脱钩不会发生。首先技术太复杂，没有一个国家能够掌握全产业链技术，把某些国家排除在外，技术问题就很难解决。另外，当技术变得复杂，标准就非常重要，而标准是由头部企业制定的。特朗普政府曾经下过禁令，要求但凡华为参加的会议，美国的企业就不能参加，结果美国企业被排除在外，而不是华为，因为华为占有5G技术40%的份额，任何5G的会议都少不了它，所以特朗普又把禁令解除了。我们以前有一个误解，认为掌握了标准就掌握了技术、形成了垄断，而忽视了前面那一步，就是先得掌握最顶尖的技术。

在技术领域，美国的策略是Tonya Harding策略。Tonya Harding是90年代美国著名的女子花样滑冰选手，她的主要竞争对手出身好，长得比她漂亮，滑得也比她好。她想去参加冬奥会，在资格赛之前就雇人打伤竞争对手的膝盖。她的竞争对手上不了场，她也暴露了罪行，最后进了监狱。所以这个策略是杀敌一千自损一千五，现在特朗普的政策基本上也是这样。

竞争不可避免。中美之间的地缘政治竞争发展到最后是技术竞争，所以技术竞争是不可避免的，但并不一定是两个平行轨迹，最好的结局是在统一的标准和规则下面进行和平的竞争。

金融会不会脱钩？SWIFT系统将中国排除在外，难度是非常大的。SWIFT系统中文名称是"环球同业银行金融电讯协会"，这个平台的主

要作用是提供一种标准化的编码格式,实现跨国金融交易。董事会的主席一般是美国人,没有绝对的控制权,但SWIFT的美元大额清算系统,是控制在美国手上的,美国是有可能把我们排除在外的。但是我们换位思考一下,美国把中国排除在美元体系之外,对美国是件好事情吗?美元是美国的一个战略武器,通过不断贬值来收割全世界的韭菜。当一种货币成了国际货币,基本上就是金子,美国绝对不想把中国排除在美元体系之外。当然了,不排除特朗普政府会把我们某些企业排除在美元体系之外。如果把华为排除在外,华为无疑是受损的,可是跟华为做生意的全世界所有企业都要受损,美国能不能承担这样的损失?这个是需要掂量掂量的。

中美之间的金融联系是没有中断的。2020年上半年,中资企业赴美上市,在美国市场上融到的资金超过了去年全年融到的资金。美国要打压中概股,中资企业怎么反倒还去上市?其实仔细想一下,美国不是要打击中概股,而是要查他们的帐本,上市得把帐本公开,这个要求不过分,等于美国人帮我们在清理门户。2020年上半年赴美上市的企业显然在这方面是过硬的,不像瑞幸咖啡一样造假,割中国老百姓的韭菜。所以正儿八经做生意,就不会担心这些问题。反过来,美国对中国的投资在增加,这得益于我们的对外开放,2019年通过的新的《外商投资法》起作用了。

地缘政治竞争不可避免,意识形态的竞争有部分可调和,有部分不可调和。中华文明和西方文明不一样,但是我们可以有很多共通的地方。技术竞争,要以共同的标准、共同的规则来和平竞争;我们看到经贸、金融领域的情况,是更多的融合,而不是脱钩。这是我对国际环境变化的看法,国际环境在变,但绝对不要夸大,如果夸大了,我们做出的决策恐怕就会出现偏颇。

未来5～7年是中国经济一个新的紧急周期,现在我们的经济开始复苏,估计2021年的经济增长率能够达到7%以上。我们大体可以判断一下,假设美国经济增长率是2.2%,通胀率2%,中国通胀率以美元计价,算上人民币的升值,有三个预测:如果我们保持高增长,到2025年,我们的GDP总量已经接近美国;如果我们是中增长的话,到2030年会超过美国,成为世界第一大经济体;低增长的话还差不到2万亿美元。所以在2027～2030年,中国会超过美国成为世界第一大经济体。如果再往远一点预测,我们到2049年实现第二个百年目标的时候,中国GDP总量要超过美国的2倍,中国的人均收入要超过美国的一半,中国的GDP总量要达到世界的1/3,这才是中华民族的伟大复兴。

在未来5～10年里,我们的"双循环"应该做些什么?

第一,实现关键领域的技术自主。在绝大多数情况下,我们仍然应该依赖市场搞创新。今天表彰的企业家,都是在市场里头摸爬滚打出来的民营企业家,20年前没有人知道阿里巴巴会成为一个伟大的企业,没有人能想到马云会成为今天最富有的人,市场给了他机会。而政府应该把资金组合起来,帮助那些技术路线比较成熟但是缺钱的企业。

在芯片领域,我们还处于追赶阶段。芯片工艺太复杂、失败率高,该领域的关键是竞争良品率,我们的良品率是60%,人家是80%,这样永远干不过人家。所以在这种情况下我们要不断尝试,试就需要钱,有钱了才可以去试,所以需要政府的帮助。

华为、紫光等都是世界顶尖的企业,但我们的芯片设计还是受制于人。虽然我们在碳基材料方面有所突破,但是要达到使用的阶段还有很长的路要走。我们的晶圆材料主要依靠进口,晶圆加工也是我们落后较多的领域,ASML可以制造5纳米的光刻机,我们的上海微电子2021年可以推出28纳米的,但差了好几代。中芯国际能够制造14纳米的，他们的人马来自台积电，资金来自中国，但和台积电还有差距，台积电已经有5纳米的制造工艺。

我们要理性地认识中国在芯片行业所处的地位，也没有那么糟糕，在低端芯片领域，我们国家还是有可能会慢慢赶上的。低端芯片是主流，40纳米以上的芯片占到了全球销售额的78%，7纳米的芯片只有我们高端智能手机才用，很少有采用5纳米的手机，一般我们的工业用8纳米就够了，根本用不着高尖端的芯片。我们现在用掐脖子技术作为标准来搞突破，这个标准太宽泛，我觉得在关键领域摆脱美国的约束、不受美国的限制就可以了，比如晶圆材料主要由日本生产，我们是不是也要把日本的晶圆材料夺过来？我觉得没必要，中国太大了，别的国家看到我们的企业发展起来，心里都害怕了，但凡中国做的产品价格猛降，他们就不用做了。

第二，提升国内消费。我们的消费力上升非常快，但我们的储蓄率下降也非常快。按照现在这个下降的速度，10～15年，我们的储蓄率将下降35%，这个比例是现在韩国的水平，但是韩国的人均收入已经超过美国的一半，而我们超过美国的一半要到2049年，所以我们还需要储蓄。笼统地说，我们应该挖掘国内消费的潜力，调整国内消费的结构，尤其是中低端的结构。

中国家庭收入分配调查的数据显示，10%最高收入人群的收入占了总收入的35%，相当于财富的近70%。50%最低收入人群的收入只占16%，10%最低收入人群的收入占了0.4%，所以最低和最高之间差了87倍。当总理说我们还有6亿人生活在月均收入1000元以下的时候，大家都吃了一惊，所以提升50%最低收入人群的收入和消费，是未来15年我们要做的事情。

到2035年，我们要基本实现现代化，我们"两个一百年"奋斗目标的终极目标，就是全面建成现代化。什么叫全面现代化？不仅要看收入，还要看老百姓有没有保障，有没有安居乐业。全民社保应该是我们的目标，就是实现真正的城乡统筹一体化，但难度非常大。我认为应该实行统一但是有差别的社保体系，给人家一个菜单让人家自己去挑，这样才有可能实现全国统一。我们的地区差异太大了，我听说深圳的存款是6000亿元，但是东北地区早就亏空了，需要中央政府的补贴。所以在这种情况下，我们必须采取有差别的政策，还要重视低收入阶层的救助，这次疫情导致很多人丢了工作，然后返回农村，若将来城乡一体化，显然就不会发生这种情况了。

我们还要推进城市化。按照标准计算，我们的城市化率应该是72%，刚好是日本和韩国达到我们国家目前收入情况的城市化水平。但是按照我们常住人口的比例统计，中国的城市人口占60%，按照户籍人口统计，这个比例不到45%。我们农村劳动力也只占全国劳动力的28%。因此中国的城市化是低质量和滞后的，我们测算到2035年，中国城市化应该达到75%～80%的标准，中西部还有2亿多人要进城。

将来城市化该怎么走？要城市区域化。8月24日总书记的座谈会上，有9名专家发言，上海交通大学的陆铭教授发言具有指标性，他有一本书叫《大国大城》，讲的是大城市化。今后我们的城市化就是以大城市为核心的城市化区域，我们的城市化区域有珠三角、长三角、武汉、长沙、四川盆地、关中平原、京津冀、辽东半岛、河南围绕郑州打造十字核心区……理想的状态是到2035年，这些地方集中60%～70%的人口。我们国土面积那么大，为什么要集中这么多人口呢？日本关东地区和关西地区的人口加起来，就占到了总人口的60%～70%，这是人口要集中的概念。

第三，可持续发展。习近平总书记在第七十五届联合国大会上提出碳减排目标，中国的二氧化碳排放力争于2030年前达到峰值，努力争取

■杭州高新区　杭商传媒记者　徐青青摄

2060年前实现碳中和。这就给我们带来了近期和远期的严峻挑战，比如我们现在的新能源汽车，所谓的新能源其实用的是旧能源，要用电，而我们国家90%的电力来源是火力发电。所以新能源汽车越多，烧煤越多，要改变这个状况，就得替代使用太阳能、风能等清洁能源。所以习总书记一宣布这个碳减排目标后，真正的新能源企业市值猛增。对企业有什么影响呢？恐怕我们不得不全面征收环保税、环境税或者叫碳税，如果企业排放太多，就要及时转型。这是一个硬性指标，也是我们企业要面临的一个挑战。

最后我认为，首先我们不能把底线思维变成我们常规的经济政策，我们过去是犯过错误的，也就是三线建设，对形势的判断不是很准确，最后基本上失败了。以国内循环为主体，不等于不要国际循环。我们要通过开放，加大美国脱钩成本，就像我们开创了金融市场，让很多美国金融企业进来，帮我们说话。30年前美国和我们脱钩很容易，因为两个国家之间没有多少联系，但今天脱钩是非常困难的，因为世界已经是命运共同体了。

在国际舞台上，我们要建立以规则为基础的新交往方式。有很多自媒体说，我们今天好像有被世界孤立的倾向，是因为我们放弃了小平同志韬光养晦的战略定位，我们应该回去重新拣起韬光养晦来。这种说法好像有道理，但其实一点道理都没有。大象难以躲在树后，中国是一个大象，不是小兔子。

那中国该怎么做呢？要参与国际规则的制定，要有所作为。当然我们也要转变观念，以前我们是规则的接受者，只要顺应规则就行了，但以后我们要成为规则的制定者，要以这种心态去迎接新的百年不遇的挑战。如今就是我们的一个机会，因为美国也不认同现存的国际治理体系了，那么最大的两个国家先坐下来谈，谈好之后就极有可能促成新的全球规则。

（杭商传媒记者　李　慧/整理）

责任编辑/沈意

人物 PROFILE

傅利泉：从水稻亩产1000元到亩产6亿元多

□杭商传媒记者　吴慧中/文

浙江大华技术股份有限公司（以下简称大华）发展至今，已经成为全球领先的以视频为核心的智慧物联解决方案提供商和运营服务商，跻身"全球安防50强"排行前二，2019年实现销售额261.49亿元。大华总部脚下的那片土地，是大华董事长傅利泉父辈当年种过水稻的农田。现在，这里从当年的水稻亩产1000元，升级到了"亩产6亿多元"。

乘着改革开放的翅膀

改革开放的春风吹来前，傅利泉还没被卷入创业浪潮，仍在单位里勤勉工作。凭借努力，他在工作的头两年就买齐了"三大件"——电视机、电冰箱、洗衣机，这都是那个年代的奢侈品。1992年邓小平南方谈话以后，创业从"投机倒把"变成了一个香饽饽，很多人对下海经商充满了幻想，开始开公司、办企业，这股创业浪潮席卷全国。

1993年，傅利泉所在单位面临重新整合，他索性辞去稳定的工作，进入调度通信领域。这一年，他在杭州老城区直吉祥巷九号百岁坊小学的校办工厂内，租用了两间教室，注册成立大华电讯设备厂。

从创业开始，傅利泉始终把注意力聚焦在产品上。"当时，做进出口贸易是一件非常时髦的事情，但我们没有为贸易所惑，选择了另一条路子——搞自主研发。"从那时起，他就埋头聚焦于实业，聚焦于创新。

当家庭生活的梦想一个个变成了现实，傅利泉开始沉迷于技术创新，他说自己是公司里年纪最大的产品经理。"以前我对房子、车子感兴趣，后来我对自己的产品非常迷恋，做梦也想到产品。"2005年，傅利泉带领大华回到了曾经的自留地上，由此大华总部拔地而起。大华有了自己的办公园区，也有了自己的家。

在这以后，大华在视频监控领域全力奔跑，从硬盘录像机跑进大安防领域，从钱塘江畔跑向全球各地。到今天，大华已成长为业界著名的技术创新型企业。"大华坚持每年把销售收入的10%左右，投入到研发创新领域。"对此，傅利泉引以为傲。同时，大华员工50%以上在从事技术研发工作。

2019年大华研发投入27.94亿元，同比增长22.35%，占营业收入的10.69%。此外，还建立了先进技术、大数据、中央、网络安全、智慧城市五大研究院。截至2019年年底，申请专利超过2800项。这些专利都是为了解决问题而被研发出来的，极具实用价值。

100亿实现了，我们现在做1000亿的梦

"企业的发展并不是说实现了一个目标，我们就心安理得。当我们实现1个亿的时候，在做10个亿的梦；突破10个亿的时候，就在做100亿

人物 PROFILE

■浙江大华技术股份有限公司董事长傅利泉
供图　大华技术

的梦；100亿实现了，我们现在做1000亿的梦。所以我们始终在路上，始终不渝地、坚持地、有韧劲地走下去。"傅利泉是个大实干家，在他的带领下，大华在视频安防领域步履不停，不断追梦，不断前行。

"1999年之前，我们做的是调度通信，如果没转型的话，就可能没有今天的大华。当时，整个调度通信在全国总共只有一个亿的市场份额，然而视频监控的横空出世让变电站的无人值守成为可能，我们就抓住了这个诉求。"

2001年，全球视频监控市场被海外巨头垄断。大华就是从这里开始，跟巨头开始一点一点缩小距离。历经19年，安防视频监控技术在全球遥遥领先。"是技术创新支持着大华跨过一个又一个的技术壁垒，是追求世界级品质为大华赢得了一个又一个发展的机遇。决定和成就大华如今行业地位的关键事件，正是在于我们一次次以客户为中心的重大创新。"抓机遇、重创新是傅利泉作为企业家精神的体现，也是大华企业文化的精髓所在。

一步领先、步步领先，大华站在了智慧物联的"风口"，如今已经成为全球领先的以视频为核心的智慧物联解决方案提供商和运营服务商。从2001年到2019年,大华保持每年高速的销售增幅。"大华发展到今天,离不开杭州高新区这块创新热土的滋养。"傅利泉表示,得益于杭州高新区聚焦产业高端、产业集成、创新驱动的区位优势,借着高新技术产业发展的红利,带来了人才、技术、政策、信息、市场、品牌、配套、平台等一系列资源,以及强大的信息技术产业链的支撑,保证了大华能始终坚持技术变革,在发展革新的道路上越走越稳。

领航者所迸发的力量,可以带动整个产业。近年来,大华聚焦技术创新,推进数字产业化,在视频物联领域各技术方向的持续创新投入上带来的突破、落地和成果转化将加快杭州高新区的数字产业化步伐;聚焦工业互联网,推进产业数字化,将技术和解决方案应用到物流、3C能源等各行各业,助力行业智能化转型升级,为行业赋能,助力杭州高新区工业互联网建设;聚焦智慧城市,推进城市数字化,将引入智慧物联、大数据、AI等先进技术,以智慧科技协助滨江不断探索构建基层社会治理新体系,助力杭州高新区提升城市治理现代化、智慧化、精细化水平。

"未来,大华会不断加强技术研发和行业赋智赋能,努力迈向千亿规模,同时将进一步孵化各类新兴业务子公司,在工业互联网、视讯协作、专业无人机等领域拓展新业务,打造新生态,展现'数字滨江'的鲜亮底色。"傅利泉说,"让社会更安全,让生活更智能",这是大华的使命,也是大华创新的责任所在。

责任编辑/沈意

■大华外景　杭商传媒记者　徐青青摄

人物 PROFILE

/ Jiangwenlong /

蒋文龙：八千里路云和月

□杭商传媒记者 姬晨曦/文 徐青青/摄

■浙江水欣集团股份有限公司董事长蒋文龙

从钱塘江畔寰宇商务中心20楼的窗外望出去，滨江的楼宇鳞次栉比。秋天的雨淅淅沥沥下着，浙江水欣集团股份有限公司董事长蒋文龙站在窗边，目光深邃。"你们看那几栋楼，当初都是我们主持建造的，以前那边都是滩涂，真是今非昔比了。"蒋文龙有意把水欣的总部选在这里，因为"可以看见奋斗过的痕迹"。

蒋文龙身上，有一种笃定不移的豪迈之气。这种气质，在奔流不息的岁月长河中，熠熠生辉。

一份坚毅，肩扛万钧责任

"回望过去的几十年，您认为自己这大半生的关键词是什么？"

"责任。"蒋文龙铿锵有力地说出这两个字。

1974年，蒋文龙21岁。这个年轻人离开待了16年的宁波奉化，迈进当时被誉为浙江水利行业的"黄埔军校"——浙江水电技工学校，从此开始了与水利水电有关的人生岁月。两年之后，蒋文龙来到了浙江水利水电的第一线建设工程—新昌长诏水库工地，从此与水利水电建设结缘。1983年春天，蒋文龙调动到钱江南岸的浙江省水电建筑第一工程处，他与这家企业心系一起，整整35年。

衢州有乌溪江引水工程、龙游沐尘水库工程；绍兴有汤浦水库工程、曹娥江大闸工程；杭州有钱塘江标准海塘工程、京杭运河沟通工程三堡船闸；温州有温州半岛浅滩一期围涂工程；舟山有马峙岛30万吨船坞工程⋯⋯

在大大小小水利工程建设的锤炼之中，蒋文龙肩上的责任也越来越重。

2006年12月开工，2009年8月发电运行的龙游沐尘水库项目，是以防洪、发电、供水为主，并改善水域环境等综合利用的大型水利工程，除水库移民外总投资2.5亿元，由集团公司独家投资。工程建成后，对改善当地的投资环境、促进经济发展具有十分重要的意义。

蒋文龙说，"做水利，质量要特别注重，防洪也好、排涝也好、供水也好、灌溉也好，早一点建成，百姓就早一点受益，这不仅仅是经济效益，更是社会效益"。

年轻的时候，他也常常亲自奋战在工程一线。杭钢十五吨转炉建设工地，他爬上高高的塔吊，亲自指挥施工；杭州三堡二线船闸工程，施工难度大，他站在寒风飒飒的钱塘江畔，拿着一个最普通的扬声喇叭，用他带着宁波味儿的普通话现场指挥⋯⋯在过去的几十年里，他与浙水的团队用拼搏与奋斗换来了一座又一座的"鲁班奖""詹天佑奖""大禹奖""钱江杯"奖杯。

几十年来，工程在哪里，他就带着家人把家安在哪里。蒋文龙说，自己崇尚水文化。浩浩江河流经不同地貌，就幻化出不同的姿态，在深山峡谷就奔腾咆哮，在广阔平原就安静流淌，而他给自己的评价也像水一样，"能随遇而安，在哪里做建设就在哪里扎根，开花结果。"

对工作的责任，对家的责任，蒋文龙都兼顾得很好。但是蒋文龙主动提起女儿时却略有惭色。"女儿小的时候，一直跟着我们。在山区做水利工程的地方，一般条件都比较艰苦，女儿就在农村读书，每隔几年还要换一个地方。小小年纪就得不停地去适应新的环境。但是她做得很好，后来还考上了上海交通大学。"蒋文龙微微皱起的眉头渐渐舒展开，对孩子所取得的成就，他与有荣焉，而他自己内心深处，关于大学"隐秘的角落"却鲜少提及。

一念选择，成就水利人生

水流发源的地方，因其水量非常浅小，而仅能浮起一个酒杯，在古汉语里称之"滥觞"。蒋文龙人生的滥觞，源自20世纪70年代初。文化大革命期间，所有高校都停止了招生，直到1971年，一些院校才按照"自愿报名、群众推荐、领导批准、学校复审"的办法开始招收工农兵学员。

1972年，蒋文龙也读完了高中，随即下放农村劳动，一年后被抽调到公社团委工作，但蒋文龙心中仍留有上大学的梦想。1974年，北

人物 PROFILE

京外国语学院来宁波挑选工农兵学员，录取学员将作为外交官投档，为此要求也相对严格。蒋文龙以其出色的表现，在笔试与面试中均取得了不错的成绩。正当他觉得自己要实现大学梦时，家族的历史背景问题却成了绕不过的高山，在那个年代，命运与蒋文龙开了个玩笑。几经周折，蒋文龙最终决定前往"浙江水电技工学校"就读。这在当时看来有些许无奈，却也在此与水结下了缘分。

1985年，已在浙江省水利厅所属的省水电建筑第一工程处工作的蒋文龙，得知水利部在全国水利系统正式员工中招生的消息后，迫不及待地报名参加了考试。不出所料，他以优异的成绩考上了武汉水利电力学院。那一年，他32岁。

"如果我当兵的话，说不定能当将军，如果我做工人的话，我一定是技术水平较高的工人，不管做什么，我一定要在这个环境中做到拔尖的水平。"蒋文龙在采访中信心满满地举例，唯独没有用最有可能的人生走向来做例证，而往往说不出口的话，藏得最深。

或许在不同的平行时空里，蒋文龙现在是一名出色的外交官，亦或在团委系统里，蒋文龙一步步跃居体系内的头部梯队。蒋文龙是天生有领导力的人，和他聊五分钟，就能感知得到他的领导才能与人格魅力。

"随遇而安。"这四个字看似平静，却静水流深，这其中包含的是错综复杂的命运安排，也是蒋文龙人定胜天的信念与抗争。那个年代的人，经历了红色文化的洗礼，内里都是有斗争精神的。

做水利水电建设也即如此，水能覆舟亦能载舟，关键在于人如何因势利导，蒋文龙深谙其道。做一行爱一行，1997年，在浙江省水电建筑第一工程处当了五年行政二把手的蒋文龙，挑起了全面主持企业工作的重担。蒋文龙肩上，扛起的责任越来越多。他也明白，所能做的也越来越多，既然挑起了担子，就要负起责任，就要为企业谋求更多发展。

"水利水电工程建设是一个复杂的系统，需要疏通各方面关系，以及许多合作企业的介入，一项工程背后是一个个人，一个个家庭，我责无旁贷。"蒋文龙说。

一种执着，踏出坚实脚步

浙江省第一水电建设集团股份有限公司，前身为成立于1965年的浙江省水电建筑第一工程处，在1997年，它还是一家国有企业，一年的产值只有几千万，离休干部、退休职工却有500多人，企业各方面开支很大，负担繁重。

如何在市场经济的浪潮下，让一家已有三十多年历史的老企业重新焕发生机，是那时蒋文龙时刻思考的事情。"当时我就想全方位地开拓市场，不管白猫黑猫，能开出市场的就是好猫。"蒋文龙说。邓小平是对他影响巨大的人物之一，这句话说出来，可见一斑。

在思想解放的背景下，市场开拓和市场化的概念开始在蒋文龙的脑海中日渐清晰。

为了企业更好的发展，为了开拓市场，蒋文龙和浙水股份不再将眼光局限于水利工程，慢慢开始接手一些路桥工程、港口航道工程。"人家会觉得我们一家做水利的公司为什么去做公路呢？我觉得答案很简单，因为我们有能力，我们以施工为主，把项目做好，在为社会创造出价值的基础上也给企业带来效益，也让员工更有动力。"对他而言，做公路不是偶然，他早年去美国考察，惊叹于美国高速公路的四通八达，反观20世纪末的国内，不服输的劲头其实早早在蒋文龙心里埋下了种子，"公路，一定要建。不仅要当高速公路的使用者，更有能力要做一个建设者。"

开拓市场之后，蒋文龙又开始思考起了浙

广袤的空间与无尽的时间，
在蒋文龙的世界里纵横交织。
八千里路云和月，清辉皎洁。
携一身光亮，蒋文龙仍有着像年轻时那样的满怀豪情，
重整旧山河，再出发。

水的新发展。

2000年5月，蒋文龙领导企业进行了第一次改制，将企业更名为浙江省第一水电建设有限公司，从完全国有企业到国有控股企业，走上了市场化运作的道路。与此同时，企业的产值也从原来的上亿元增长至好多倍。

2006年12月31日，经规范运作和浙江省国资委批准，企业完成整体改制，正式在浙江省产权交易所办理手续，蒋文龙作为经营团队的带头人，把企业的国有产权由企业团队购买下来。同时，他还在浙江日报上公开承诺要把企业做大做强，更要承担好照顾企业退休工人和离休干部等社会责任。语气的坚定，是他对市场经济格局的一种笃定。

2013年，为了让公司发展得更为有序、规范，蒋文龙与浙水股份的董事会研究后决定成立浙江水欣控股有限公司，专门负责浙水原来的投资及工程运营业务。那时候，刚刚出生的水欣与浙水股份是"两块牌子、一套班子"，彼此间业务相辅相成。

2016年，借着G20峰会的机遇，浙水股份原来在西兴大桥边的公司基地拆迁了，公司总部即将迁入风情大道旁的新办公大楼之中，住在水电社区的老员工们基本上也搬到了几乎原址重建的新小区里。看着眼前的种种变化，为浙水忙碌了大半辈子的蒋文龙突然觉得自己的心中产生了一种以前从没有过的念头——转换角色，开始新的征程。

人物 PROFILE

当然，过惯了忙忙碌碌、风风火火的日子，真的让他完全放松下来，他一定是做不到的。为了顺应时代发展而需要从浙水股份剥离而出的水欣，便与他天时地利人和地续缘了。

2017年7月1日，在经历了股权变更等一系列复杂的手续之后，诞生于浙水股份的水欣股份终于独立，成为了一家以投资水力发电项目为主，兼顾投资房地产业、建筑检验检测、工程船务实业、机动车驾驶培训、旅游开发等为一体的综合性投资运管的企业集团。

同年9月4日，公司正式迁入位于钱塘江畔寰宇商务中心的办公新址。

三个多月后，在2018年新年钟声敲响前的2017年12月12日，为浙水股份站好最后一班岗之后，荣获过全国优秀施工企业家、全国优秀水利企业家、中国经营大师、中国工程建设优秀高级职业经理人、浙江省优秀建筑业企业经理、浙江省建筑业十大杰出企业家等多项荣誉的蒋文龙正式卸任浙水股份公司法定代表人，为他与浙水股份的故事画上了一个圆满的句点。

一盏灯火，汇聚星光点点

"人生要有闪光点，活得有意义，在平淡的生活中寻找自己的价值。自己在发光的同时，也能把光亮传递，照亮一条道路，照亮一片天空。"蒋文龙在采访中反复谈到"发光发热"这两个动词，现任水欣股份董事长的他，每一天都在践行着"发光发热"的价值选择。

浙江水欣集团股份有限公司目前下设全资和控股的子公司12家，蒋文龙现在以动态工作管理为主要理念，一个礼拜有一半的时间都在各子公司、各工程点走访。"忙忙碌碌，也很充实。通过走访可以把大家的心聚在一起，思想统一到一起，凝聚力量共创共享，星星之火可以燎原。"

对于目前的状态，蒋文龙觉得每一天都很美好，集团产业扎实稳定，家庭美满自得自乐。"办公室的落地窗边新装了茶吧，高脚椅，晴天的时候阳光照过来，喝杯咖啡，看着钱塘江南岸的日新月异，多好。"对于细节上的追求与品位、内涵的丰富，也是蒋文龙认为的生活价值之所在。

"我的幸福感不能说'爆棚'吧，但是也满满当当的。"蒋文龙诙谐一笑，他的思想一直随着潮流与时俱进。每晚10点到11点，这是"50后"蒋文龙必不可少的"网上冲浪时间"。

"浙江新闻、杭州新闻、凤凰网、国内外的时政热点，社会新闻这些是必看的。"他说，除了近来庆祝深圳特区成立40周年，国际上的中美关系、美国大选，他一直也在关注科技领域的新发展。做实业也要有前瞻的眼光，跳出实业看实业往往会有"横看成岭侧成峰，远近高低各不同"的独特观感。

看地图的时候蒋文龙也会有这样的体会。他的办公室有大大小小的地图，最大的一幅"浙江省主要水利工程分布图"已经发黄，裱进镜框里面，在洁白的墙面上占据半壁江山。同样的画面，大多数人眼见所得的是二维平面，蒋文龙看到的则是三维立体，许多水利工程的"前世今生"他都能娓娓道来。

除了极强的空间感，蒋文龙还具有"可视化的时间感"。墙上的日历，2020年只剩下薄薄的一沓。蒋文龙每天到办公室的第一件事，就是把"昨天"翻过，以饱满的热情面对每一个"今天"。

广袤的空间与无尽的时间，在蒋文龙的世界里纵横交织。八千里路云和月，清辉皎洁。携一身光亮，蒋文龙仍有着像年轻时那样的满怀豪情，重整旧山河，再出发。

责任编辑/沈丽萍

唐彩斌：寻找美好教育的密码

□杭商传媒记者　李　洁/文　周乐蒙/摄

在杭州市上城区，有一条名为"锅子弄"的狭窄弄堂，保留着老底子的老城气息。巷子两端展现截然不同的画面。巷子口是车水马龙的闹市街区，连接城市主干道建国路；巷尾坐落着一所民国风情的小学校园，这是杭州市时代小学的所在地。

每天，作为时代小学校长，唐彩斌都会站在巷子口迎接孩子们，这班岗他已经站了5年。他愿意做马路边的小校长，一方面是安全的考虑，需要确保学生安全入校，另一方面，这是和家长联络的窗口，是表达校方开放办学的姿态。"很多时候，和家长打个招呼，他们的需求和遇到的问题，都能第一时间了解到。"

在小细节上下大功夫。在唐彩斌看来，对细节的关注会在时间作用下，显现潜移默化的育人效果。做教育，需要日积月累的沉淀，需要慢慢来。

这与他过去的工作经历有关。在担任时代小学校长前，唐彩斌先后担任了杭州现代小学数学教育研究中心主任、浙江省新思维教育科学研究院院长、上城教育学院副院长。在很长一段时间里，数学教学研究是他的工作重心，也让他有更多的教学研究体悟，"只有针对某个教学点不断深入研究，才可能有一点点的发言权。只有深入才有创新。" 2014年，他被评为浙江省小学数学特级教师。

按理，他会在数学教育研究的道路上走下去。但2015年7月，一纸调任，唐彩斌重回学校一线，担任了时代小学校长。角色的变化促使他用更广博的角度思考教育。他意识到，要从学科思维转向学生思维、学校思维。

带着学者的思考、研究的心态做教育办学校，或许是这位学者型校长的独特之处。他用自己的方式，埋头实干，不断求解，与校园里的每一个人一起努力，寻找美好教育的密码。

学得扎实，玩出名堂

水榭亭台，青墙红瓦，走进时代小学，宛若置身江南园林。蕙兰楼、建一楼、天长楼、惠德堂和馨艺阁5幢教学楼，一个楼名一段历史，积淀着各自的故事，在巷子里静静矗立。

时代小学置于闹市，却有难得的静谧。换句话说，是一个能够让人静心读书的地方。这一点唐彩斌很认同，他一直说，时代小学有古树古楼古井，特别适合学习，也特别适合创新。

5年前的夏天，唐彩斌调任时代小学校长，沉下心来，开始了一次自我突破——从偏向理论的中观研究，转到具体微观的教学实践，从学科思维转到学生思维和学校思维。

这样的转变需要远见、勇气和耐力。以往20余年的教育工作经历告诉他，做教育需要时间打磨。学生的培育、学校的提升都需要循序渐进地展开。

唐彩斌到时代小学的那年，正值全国新一轮启动课程改革，学校作为杭州市课程改革试点校，承担了杭州市教育科研重大课题，致力于"构建素养本位的时代课程3.0"的实践研究。

人物 PROFILE

人物名片

唐彩斌，浙江省特级教师，正高级教师，现任杭州市时代小学校长，华东师范大学教育学博士生，中国教育学会小学教育委员会常务理事，中国教育学会小学数学教育委员会理事，国家《义务教育数学课程标准》修订组核心成员，浙教版《新思维小学数学》教材副主编。科研成果多次获得国家和省基础教育教学成果一二等奖，发表文章150余篇，出版专著《素养本位的时代课程》《能力为重的小学数学》等10余部。享受杭州市政府特殊津贴专家，是杭州市第十一届政协委员。

以此为契机，唐彩斌和学校团队一起，稳步推出时代课程3.0。

2015年课程改革之初，学校约定了基本原则，被称为"时代课改新五条"。第一，课改的性质是"深化"，不是"重建"。第二，指导思想是"选择"，不是"统一"。第三，内容导向是"整合"，不是"增加"。第四，实施方式是"渐进"，不是"运动"。这几条，也成了浙江省课程改革学校方案的参考样例。

唐彩斌认为，校本化的实施需要顺应本校教师的工作实际，校本化的表达也应生长于原有的话语体系中。他去学校工作的第一条自我建议是：不要想法太多，还是要贴近实际。

他深知，每一位老师都是学校层面学生核心素养校本化表达的参与者。在时代小学，学校层面的工作不是自上而下的布置，而是通过"头脑风暴""集体会商""问卷星调查"，将具有学校特色的学生素养凝聚、提炼。最终把学校层面学生核心素养的校本化表达为：身心健康、品德优良、学得扎实、玩出名堂。

"学得扎实，玩出名堂"是时代小学创办之初就一以贯之的教育理念，也是学校20年历任校长不断坚持、逐步完善的小学育人理想样式。学校探索素养本位的课程体系，将核心素养的培养融入到时代的日常课程中。时代小学还特意开设出两个半天，形成了三色课表，让最重要的素养落实在最日常的课程与课堂中。

基础性课程是指面向全体学生开设国家和地方课程标准规定的统一学习内容，由道德与法治、语文、数学、英语、科学、体育、艺术等课程组成，占时代课程比例为85%。拓展性课程包括体艺特长类拓展课程和综合实践类拓展课程。体艺特长类课程学生可根据兴趣爱好选择参加，除校内资源，还有丰富的外聘资源，如爱乐打击乐团、小魔坊合唱团、啦啦操冠军课程等。实践类拓展课程包括"走遍杭城"、节日课程、经典活动及"四季课程"等。

以"四季课程"为例，此课程致力于学生跨学科的问题解决、实践能力和创新思维的养成，时代小学从一年四季大自然中最熟悉的植物和自然现象中选取部分当主题，让全校学生根据自己感兴趣的研究点进行选择，确定主题后开展为期一个月的项目学习。

在"秋天的叶"主题活动中，孩子们研究了"铺满学校的操场需要多少落叶""你能测量叶子周长、面积吗""一口气能吹多少片树叶""落叶可以拼出怎样的图形""哪些落叶可以吃"等55个项目，还在校园里分年级举办研究成果发布会……这些丰富多彩的活动激发着孩子心中"科学的种子"，让学生体会到成长的欢乐。

老城区的小学校，空间总是受限。面对困境，唐彩斌认为，决定育人的不应该是占地面积，而是立体的时空。学校创造性地进行育人时空的开放与融合，为学生的学和玩提供了多样的组合，让学和玩的内容与方式变得丰富多样，更为学和玩相融提供了可能。立足小学校，也能办出大教育。

在课程改革的这些年，唐彩斌和老师们尝到了改革的甜头——老师和学生没有觉得是在浪费时间做无意义的事，没有觉得是负担，更是充满期待。

亲历其中的老师们常常深思：让小学生经历这样的课程意义到底是什么？首先是选择。"小时候选择课程，长大了选择人生"，丰富的课程为学生提供了更多更好的选择。只有选择了，才能慢慢养成选择的习惯；只有选择过了，才会形成选择的意识和能力。

其次是专注。生活在信息爆炸的时代、洋溢着喧嚣和浮躁，人们已经很少有耐心持续专注于一件事了。在四季课程的实践中，学生选择一个小小的问题，就能思考研究很长一段时间，正是培养一种深度学习的习惯。

人物 PROFILE

最重要是保持好奇。在《为未知而教为未来而学》中描述了"理想的学习"的样子，不应是让孩子们丧失最初的好奇，而是不断创造出让人感到困惑和好奇的新领域。孩子走进校园的时候原本是充满好奇的。唐彩斌时常反问自己：我们是通过怎样的方式使得孩子们对学习产生了厌倦？那份珍贵的好奇是在什么时候悄悄丢失的？

在唐彩斌看来，课改的内容和形式不是最重要的，育人实践是否成功，归根结底还是要看有没有促进学生的全面发展，能否让学生健康快乐成长。从近五年持续的跟踪调查看，学生的成长确实更快乐了。"2019学年学生幸福度调查"显示，93.99%的学生表示上学是一件开心的事；92.5%的学生认为学习负担合理，学习比较轻松；99%以上的学生喜欢新学习方式。学业不是孩子成长的全部，学生学得好也不是办学质量的全部。

就在采访前不久，时代小学得到了一个好消息，《"学得扎实，玩出名堂"，小学生健康快乐成长的时代样式》课题获得了市基础教育教学成果一等奖，这是基础教育领域四年一届含金量最高的奖项。上一届时代小学《大数据时代小学数学精准学教评的整体优化方案》获得国家级教学成果二等奖。从数学课程单个学科到学校办学综合成果，选题的变化也印证了唐彩斌教育思维的转变。

从一个家到另一个家

1966年，在教育界，科尔曼发表了一篇报告，让人们意识到，学校并没有在孩子的成长过程中起到不可替代的作用。

今天的学校，是否今非昔比？

学校应该是一个孩子想来的地方，是一个老师愉快工作的地方，是一个充满亲情的大家庭。有一位时代小学毕业生曾说，她每次来上学的路上，靠近学校了就觉得空气都特别清新。唐彩斌很在乎孩子的感受，他教育的理想，是让孩子从一个家到另一个家。

首先，这是一个自由民主的家。20年前，唐彩斌曾是金华师范附属小学副校长，有一位金华的校长朋友夏美丝，为方便与孩子交流，她在所在的学校设立了"悄悄话信箱"和"金点子信箱"，这"两个信箱"的课程成为浙江省德育精品课程。2011年，唐彩斌在英国留学半年，也感受到当地学校校长对孩子的尊重和倾听。

这些见闻让他领悟到，只有从小播下"民主"的种子，长大了才会拥有民主的意识。于是，在时代小学的开学典礼上，唐彩斌宣布开设一个"校长信箱"。但到底学生会不会往信箱里投信，到底有没有一些话需要通过这种方式对校长说，他并没有把握。

事后证明，孩子们的确需要一个渠道和校长交流，发出自己的声音。几年下来，小信箱收到了很多同学的信，孩子们的很多建议具有建设性。

有孩子反映教师办公室门牌上的英语翻译"Teacher's office"不合理，应该改为"Teachers' office"，因为学生的建议，学校就将所有门牌更换；有学生反映用了很多年的"亲情联系册"在内页的页眉上却写着"亲情练习册"；也有反映送饭公司经常把汤倒出来的，后来经过家委会的商议，综合各种因素，送饭公司真的换了……

当然，在时代小学，校长的信箱，只是学校民主管理的一个补充。大量的管理工作，通过年级组、学科组和班级，让学生参与到民主的管理中。"我们创造更多的机会让学生自由表达观点和意见，只有这样，走上社会的学生，才能成为会独立思考、有主见的人。"唐彩斌说。

时代小学还是一个亲情有爱的家。亲情教育是学校历来的传统。记得有一次，午间的水果是一个橘子，有一位小女生手握橘子，看着别人在吃，自己就是不吃。唐彩斌刚好路过，问她："你为什么不吃橘子啊。"小女孩说："我要带回去给我奶奶吃，我奶奶最喜欢吃这种橘子了。"

就在这个学期，有一个外婆跟唐彩斌说，前阵子没有来送孩子上学，是因为腰扭坏了，几日都是卧床休息。让她没有想到的是，有一天小外甥端着一盆水来到她床前，说："外婆，我看你好几天没有洗脚了，我帮你洗洗脚吧。"这纯粹发自孩子的真心，外婆说的时候都眼眶湿润了。尽管后来外婆说，小孩子不懂洗脚水的温度，偏凉了一些，但是心里是暖的。

还有校园里的同学情。有一次，一位家长感慨，她说最让她感动的是发生在一个下雨的傍晚，前面一位低年级同学没有带伞，正冒雨走出校园，后面一位不是同班的大哥哥，快步上前做了一个动作，就是把低年级同学的帽子翻了上去，家长告诉唐彩斌，这是她这一年来最感动的场景。

每当清晨，只要在学校，唐彩斌和学校的行政团队都很乐意参加护童队，在校门口或马路边，迎接孩子们进校，看着他们与爸妈们告别，结伴走进校园，是一种幸福的感觉。在唐彩斌看来，学校从某种程度也是一个家，上学对学生来说就是从一个家走向另一个家，两个家同样充满温暖和爱。

每年六一节，时代小学有一个传统，学校行政都会准备好礼物和糖果在校门口迎接每个孩子，这是时代的惯例。可去年却有一个六年级的孩子给校长信箱写信，说自己"六一不快乐，甚至有被抛弃的感觉"，字里行间透着对学校的不舍和对六一节当天不能收到礼物和糖果的难过。原来，这个孩子当时即将毕业，每天早上因爸妈上班的原因，他到校特别早，看不到学校的老师，他就已经进班级了。所以写信希望校方能够照顾到他。得知这个消息，唐彩斌那天特别早到校，早早地拿着礼物守在校门口，只为满足孩子的小小愿望，一个都不落下。

在今年的教师节，有一个学生自制一张贺卡，给唐彩斌颁了一个特殊奖项——风雨无阻奖，以感谢他每天清晨在巷子口的守护。唐彩斌将这张证书悉心收藏起来，"这是我今年教师节收到的最重要最有意义的奖励"。

从学科人到教育人

教育家于漪曾说，育人先育己，我一辈子走的是同学生一起成长的路。在教育学生的过程中，首先教育自己成为一个堂堂正正，表里如一的人。做一个能和学生知心交心的老师。

唐彩斌也把"真诚"作为领导力的要素。担任校长以来，唐彩斌坚持每学期都给家长写一封信，每年毕业典礼致一次毕业辞，好多次都被热心的家长和媒体记者通过网络传播，引来大家的"围观"和"好评"，可到底好在哪里呢？有好友评价说，贵在真诚。

如果现在问唐彩斌，在诸多从事过的教育岗位中，最有成就感的是什么？他一定会回答"校长"。北京实验二小原校长李烈曾对他说，"做学科研究，从某种角度说，是成就了自己。但做校长，是成就他人，要关注的是学生的成长，老师的成长，需要更大的胸怀和格局。"他深以为然。

在唐彩斌的校长日程中，他需要每天7点左右到校，在完成护童岗后，处理大大小小的事务。从沿街交通的协调到防疫的检查，从学科工作的梳理到新学校的建设，都在他的工作职责之中。

人物 PROFILE

如今，杭州钱学森学校的建立，也是他工作的重中之重。时代小学坐落在钱学森故居旁，近年来，在人民科学家钱学森之子钱永刚教授的指导帮助下，时代小学设立了"钱学森班"，旨在弘扬科学家精神，为培养具备科学家潜质的青少年群体奠定基础。在一次学校活动中，钱永刚教授出于对家乡的情意和对学校团队的信任，给了时代小学领办一所新学校，以钱学森来命名的机遇。

作为杭州市钱学森学校的领办单位，时代小学和建兰中学合作成立了专门的筹建团队。钱学森纪念馆、天象馆、校史馆、学森科技楼、蒋英艺术楼、校园文化设计……最近这段时间，校园建设进入了加速期。确保2021年9月开学，是献给钱学森诞辰110周年最好的礼物。

时间是被挤出来的。作为特级教师，唐彩斌没有放下学科研究的工作，组织团队，带好工作室，填满了他校长之外的生活。

9月底，唐彩斌去了一趟北京，这是他疫情之后第一次出差，为的是参加国家义务教育数学课程标准修订工作会议。作为一线校长和特级教师代表，有机会参加国家课程标准的修订工作，在他看来是一个光荣的任务。"国家课程标准10年修订一次。到2021年就要颁布新的课程标准，虽然一年前开始启动修订，但后面还要给广泛征求意见留下时间，所以当前的任务很艰巨。"

在唐彩斌的办公室里，关于教学研究的书籍填满了书柜，记录了他的教育之路。其中有一些，是他寻走各国，收集的不同数学教材，包括英国、美国、新加坡、韩国、日本、芬兰等。最近，他收到了一套俄罗斯的数学教材，非常欣喜，看了又看。从教25年，他先后在多国学习和考察，让他能够在国际化的视野下，思考学科建设和教育问题。

书柜里，他留出了一层，摆放自己的作品。其中一些与数学教育有关，例如《怎样教好数学——小学数学名家访谈录》《与能力为重的小学数学》；一些与时代小学的课改有关，例如《弄堂里的小学校》《素养本位的时代课程》；还有一些，是他关于学生数学阅读的书籍。5年前，一个偶然的机会，他开始为孩子们写数学科普书，出版了《数学在哪里》，受到了孩子们的欢迎，还输出澳门变成繁体字版，数字版权也输出到了美国。2020年开学不久，又出版了姊妹篇《奇妙的数学在这里》，他把数学知识通过科普的方式，传递给同学们。

2020年，他还做了一件重要的事——考取了华东师范大学教育学博士生，师从著名的数学教育专家徐斌艳教授。在不惑之年重新走进大学校园，绝非功利之心驱使，而是源自自我提升的自驱力。

他一直很庆幸有很多的学习机会，除了向身边的张天孝、朱乐平等特级教师学习，现在还参加了北师大教育部小学校长第十二期高级研究班的学习，"学习就是找一个机会逼一下自己。现在的知识可能是点状的，需要系统梳理。经验可能是不可靠的，需要科学论证。学习有压力，但更多的是愉悦。努力做好能够胜任的事情，就是幸福的。"

做教育、办学校的最终理想是什么？他说，"办一所学校，要让学生健康快乐地成长，让老师幸福地工作，让家长感到满意。今日时代少年，明日成为祖国栋梁。这是一位教育者应有的初心和使命"。

责任编辑/沈意

于英涛：
掌舵新华三，领航数字时代

□杭商传媒记者　吴慧中/文

成立四年多来，新华三集团的成绩有目共睹。
企业年收入从200亿元出头增长至近330亿元，年复合增长率超过18%，
净利润年复合增长率超过20%，这些辉煌的背后离不开一个核心人物，
他就是掌舵者——新华三集团总裁兼CEO于英涛。

如果说"数字"是杭州的一张金名片，那新华三集团的成就与发展让这张名片焕发了更加亮丽的光彩。

成立四年多来，新华三集团的成绩有目共睹。企业年收入从200亿元出头增长至近330亿元，年复合增长率超过18%，净利润年复合增长率超过20%，这些辉煌的背后离不开一个核心人物，他就是掌舵者——新华三集团总裁兼CEO于英涛。

华丽诞生

新华三集团研发的数字技术处于全球领先水平，其背后成立的故事始末让人津津乐道。

新华三集团成立于2016年，是一家提供ICT基础设施产品与数字化解决方案的企业。作为中国ICT行业近年来罕有的新成立合资企业，新华三集团在成立之初就引起广泛关注。新华三集团是杭州高新区（滨江）的华三通信技术有限公司，与总部在北京的中国惠普企业集团合并后的产物。

在与中国惠普企业集团合并之前，杭州华三已是中国企业级网络市场当之无愧的领导者。惠普早在1985年就进入了国内市场，在国内服务器与存储市场一直拥有强大的竞争力。两者的合并让新华三的服务器、存储、网络三大基础设施产品组合丰富完整，立刻成为中国ICT市场中不容忽视的重量级选手。

业内人士看来，两大市场巨鳄"孵化"下的新华三集团必定潜力无限。2015年，新华三集团筹备在即，这时杀出了一个"程咬金"，"筹谋已久"的紫光集团看准时机，一举从惠普手中收购了新华三51%的股份，成为新华三的最大股东。

在紫光集团看来，手上有了这张"王牌"还远远不够，还需要找到一个"会打牌"的高手，打出一手好牌。就在新华三集团宣告成立

人物 PROFILE

■新华三集团总裁兼CEO于英涛
供图　新华三集团

的同一天，新华三的掌门人也正式走向新的舞台，他就是当时的通信翘楚——于英涛。

转变赛道

从上任到如今四年多的时间里，于英涛以自己的敏锐眼光和铁腕管理，不仅稳住了新华三在大互联等领域的优势地盘，还在大数据、大安全、云计算、无线与物联网、服务器、存储以及服务等领域也都取得了重大进展，这让他足以担得起"数字化先生"的称号。

而接棒新华三之前，于英涛已在中国联通公司任职20年。先后担任过中国联通烟台分公司总经理、中国联通集团终端管理中心总经理、联通华盛通信技术有限公司总经理、中国联通集团销售部总经理、中国联通集团浙江省分公司总经理……他一步步登顶通信领域的制高点，在运营市场名声大起，成为通信行业的翘楚。

不是通信专业出身的他，首创双卡双网双待手机，这一重要发明让他收获"国家科技进步奖二等奖"。2010年，他对千元智能机的新定义开辟了国内智能手机的新纪元，中国智能手机的普及率一举处于全球领先地位，并带动了国内手机制造业的大发展。

战绩显赫，可以说，他是国内智能手机时代的大功臣。

如今，从未涉足ICT领域的他，在人生下半场转变赛道，纵身一跃，投入数字化海洋，在数字化潮流中乘风破浪。

专业维度不同，但是企业管理之道是相通的。在新华三筹备阶段，于英涛就进入了"战时状态"，对杭州华三与中国惠普进行深入考察与调研，充分了解市场、客户、销售、研发、平台支撑等各方信息，多年的管理经验让他在短时间内摸清了这个行业的"门路"，对于如何带领新企业突破重围，迎接新生，他胸有成竹。

领航者文化

很快，于英涛就迎来了"新官上任"后的第一个挑战——整合新华三团队。

杭州华三有着强烈的华为基因，中国惠普则传承了著名的"惠普之道"，双方在市场理念、文化、制度等方面有很大差异。按照于英涛的比喻，"就好似一个是爱喝咖啡的人，另一个则是爱喝茶的人，我要做的是让他们迅速彼此认同，团结合作"。他坚信，两个公司的业务和团队快速整合，尽可能减少整合初期的动荡，是新华三成功的第一步。

这一战，于英涛有备而来。

在整合过程中，于英涛的目标很清晰——抓对客户的覆盖，确保市场份额，为日后的发展奠定基础。2016年年底，公司仅用五个月时间，就彻底完成了两支队伍的合并，实现了"人财物"的统一。

在周密部署与果决推进下，到2017年第二季度，也就是新华三成立一年后，两个团队就已经进入较好的整合协同状态。2017年新华三的收入相较2016年同比增长11%，2018年更是同比增长26%，这对一家"中西结合"的合资企业，实属难能可贵，在世界上也属罕见。这次合并事件也因此成为经典的公司整合案例，进入了哈佛商学院的教材。

"那段时间是我在新华三最艰难的时候，"每当回顾这一段历史，于英涛都会感慨万千，"但我始终没有丧失信心，因为常识与逻辑支撑着我，我坚信自己是对的"。

经此一役，于英涛一战成名，越来越多的新华三员工也记住了他的口头禅——讲常识，合逻辑，尊重市场规律。

于英涛深谙企业管理之道的同时，也注重以人为本。他在不同场合，多次向一级主管们强调："企业最关键的要素就是人，企业间的竞争就是人与人、团队与团队间的竞争，我们要招好的人，培养好的人，用好的人，这样才能让企业持久健康地发展。"

责任编辑/沈丽萍

人物 PROFILE

方琴：

"Stay hungry, stay foolish"

□杭商传媒记者　王柔仪/文

■衣邦人创始人方琴　供图　衣邦人

在线预约，上门量体，定款支付，加工制作，送衣上门。短短5步，短短10天，一件量身定制的衣服便可发货。这，就是衣邦人6年来努力的一件事情。

"我还记得衣邦人的第一个口号是'高端定制，触手可及'。"衣邦人创始人兼CEO方琴说，"现在衣邦人的口号是'上门定制，就叫衣邦人'。我们希望能够在一个品类上让大家不再执着于购买成衣，而是觉得衣邦人是更好的选择。"

在这个旧概念不断被重写，新概念不断被构筑的时代里，改变似乎成了永恒的主题。在时代的洪流中，衣邦人或跟进，或引领，以变应变，踏出了属于自己的节奏。如今，衣邦人已在全国开设51个直营网点，服务范围覆盖近150座城市，预约客户近150万，拥有行业内最大零售型定制客户群和零售型商务定制订单。

这次采访，方琴一如既往地分享了很多，关于创业、关于团队、关于创新与突破。当然，也关于信念与爱。

拥抱变化，自我更新

在2015年以前，中国移动互联网的爆发式增长，几乎贯穿了国民经济发展的整个"十二五"时期。2015年到2016年，持续爆发式增长的人口红利逐渐消失，移动互联网的触网人数增长趋于平缓，行业转入平稳发展的新阶段。这意味着，移动互联网的内涵式发展、深耕细作、创新求变成为新的主题。

但在2014年，方琴就感知到了这一变化。"在此之前，大家处于pc互联网时代，上网的大部分都是年轻人，偏娱乐为主，或者是收发电子邮件，搜索信息。这时人们的生活和pc互联网还没达到密不可分的程度。"

而移动互联网之所以称之为一个时代，是因为它改变了信息和人的二元关系，让人成为了信息的一部分。向移动互联网时代迈进后，方琴发现用户群体更加广泛了。那些有购买力的人群也泡在这张大网之中，他们的喜好、需求、社交关系在这张网里变得清晰透明。

方琴觉得，这是一个存在巨大潜能的时机。以互联网思维和工业4.0切入服装定制行业，再利用移动互联网做营销，入口和出口都具备了。

"但是很快你会发现，这几年下来经历了巨大的变化。比如说一开始微信仅局限于好友间的社交，到后来微信朋友圈广告的推出、公众号的泛滥、短视频的兴起，再到现在直播的崛起。"短短五年左右的时间，移动互联网的营销模式更具创新性，也更加多元化。

在快速的更迭里，消失和出现都变成了非常容易的事。想要经得住时代的筛选，必须具备强大的学习能力，时刻自我更新。"除了营销手段的多样化，还有消费文化的改变，供应链端的技术变革等，我们都要与时俱进。"

在变化中浸泡，衣邦人塑就了强大的抗风险能力。2020年2月，衣邦人经历了疫情的考验，上门量体业务全面停止。3月上旬，方琴做了一个大胆的决定，加大品牌广告和效果广告的组合投放。在积极的市场策略下，衣邦人4月的业绩便开始同比增长，6月的业绩同比增长上升至35%左右。

接下来的规划，方琴依旧思路清晰。她认为，在原先的服装市场里，成衣是压倒性的主流，而高级定制非常小众。衣邦人之前一直在做的事情，叫MTM（made-to-measure，半定制），是成衣和Bespoke（定制）之间的过渡。

"可以这样理解。"方琴进一步解释，"如果说成衣零售和高级定制分别是一条路的两端，那MTM就是让高级定制往另一端前进了一大步。它不再强调什么裁缝了，已经开始应用自动化推板技术，在生产上也展开了流水作业，向大规模工业化靠近。所以高级定制的价格才能降下来，交货期也大幅缩短了。"

为了实现MTM，衣邦人已经做了大量的数字化。当大数据不断累积，方琴觉得，或许今后高级定制可以再前进几步，然后成衣零售也往另一端走一走，可能才是服装行业更主流的出路。

也就是说，根据前端的销售数据，在后端的生产上做一定的提前生产，简化定制流程，提高定制效率，但仍然保留消费者的定制体验。"相比传统的高级定制，其实消费者有时并不想要那么麻烦。比如说定制毛衣，我们现在的设备织一件毛衣需要的时间大概是58分钟，我们可以根据每天销售的数据，决定提前生产哪些款。但是我们提供的颜色、款式、尺寸、领型等还是比零售的成衣丰富的。这样一来就可以循环生产，不会有库存的大量积压，但也不会说在消费者端毫无个性化选择。"

在各种已知里建立联系，再探索出无限未知的可能——这正是创业者最了不起的地方，方琴便是如此。

创业，是一群人的征途

所有目标的达成，都有其背后的逻辑。这些逻辑不尽相同，但一定不存在个人英雄主义。

在团队合伙人的选择上，方琴有两个原则。一

人物 PROFILE

是承认自己某些方面的不足,找有互补能力的人合作;二是对于这份事业要有热爱,并且认可它的前景,能够全情投入。

即使是一个人开始的征程,方琴在创业初期就建立了实际的利益分享机制,为未来的合伙人和优秀员工预留了股份,确保合伙人和优秀员工共同分享公司长期发展的利益。

合伙人之外,方琴对于整个公司的人力资源发展也十分重视。2020年年初,受疫情影响,裁员和降薪成了不少企业的主流基调。但方琴却在3月14日宣布年度加薪。

"这个行为可能大家会觉得有点反常规,但实际上我们公司一直非常重视员工的成长和利益。比如一直以来,我们都很认真地坚持半年做一次'one over one plus hr'绩效面谈,回顾半年的工作,交流价值观等问题。"

"one over one plus hr"是阿里巴巴创造的考核制度,即由员工的上级、上级的上级和一位HR人员形成三对一的考核模式。其中,员工业务上的考核只占50%,另外50%是针对价值观的考核。

尽管一年两轮考核的工作量非常大,但方琴仍觉得这些时间与精力花得非常值得。"这是一件非常有意义的事情,一来是让员工感受到被重视,二来给了团队一个回顾的机会,跳脱出现状审视自己,调整方向。"

近年来,衣邦人不断地拓展新业务,从本质上来说,是定制场景的细分。从一开始的西装,衍生到职业装、婚庆礼服、休闲装、大衣、风衣等。这些细分的场景让用户的体验感更强,但同时也意味着衣邦人要在产品和服务上做得更加精细化。

"场景细分后,许多工作都是要跨职能来做的。之前我们很多时候没有清晰地定义项目的范围、项目成员的职责,那不少人就会有困惑。但是通过'one over one plus hr'面谈就能及时地发现这个问题,帮助我们建立项目管理的机制。"

独行快,众行远。正如方琴所说的,创业是一个人开始的征途,但一定是一群人的冒险。只有当一个人的梦想变成一群人的梦想,才能迸发出更强大的力量。

蓝房子

2020年6月11日,衣邦人捐资助建的"蓝房子公益图书室"第二期项目在贵州黔东南凯里市拉开了序幕。

公益,是方琴从学生时代起就热衷的一件事。"2019年年底,钱塘新区有个跟贫困孩子结对的活动,号召青联委员去参加。等我想参加的时候,孩子都被青联委员们领完了,但是刚好有个做图书室的项目,能帮助更多的孩子,我觉得很有意义。"

方琴认为,阅读能帮助孩子更健康地成长。从小,她就有阅读的习惯,阅读

■ 衣邦人展厅　杭商传媒记者　楼晋瑜摄

赋予了她思辨的能力，让她快乐且充实。或许在他人眼里，成为学霸是一件非常困难的事情，但在方琴看来一切都是水到渠成。方琴希望凯里市的孩子们能通过阅读培养学习能力和求知欲，去洞察更广阔的世界。

于是，在杭州市钱塘新区团工委关切指导、共青团凯里市委的倡议下，衣邦人推出了"1元公益计划"——用户在衣邦人平台每成功完成一笔符合条件的订单，衣邦人将捐赠1元用于推动相关项目的建设与运营。

2019年12月，衣邦人捐资助建的第一座"蓝房子公益图书室"在贵州省黔东南凯里市清泉社区正式落户。"蓝"不仅呼应衣邦人的品牌蓝，更是寄托了方琴希望孩子们"青出于蓝而胜于蓝"的美好愿望。

在衣邦人的五周年庆典上，共青团凯里市委书记携凯里社区的孩子们来到现场，通过具有当地特色的歌舞、朗诵为衣邦人庆生。许多无法到现场的小朋友还特地录制了视频，讲述自己对"蓝房子"的喜爱。

看着孩子们激动的神情和稚嫩的脸庞，方琴瞬间感受到公益的力量如此真切。她告诉记者，"蓝房子"对孩子们来说，其实不仅仅是一个图书室，除了图书借阅，"蓝房子"还提供学习辅导、阅读陪伴等服务。许多孩子放学后没有回家，就聚在"蓝房子"里一起写作业。平时，"蓝房子"还会组织阅读比赛、亲子互动之类的节目。

公益是纯粹的，爱更是。受到触动后，方琴决定要继续把"蓝房子"做下去。很快，"蓝房子公益图书室"第二期项目开始推进了，书香和爱心都将得到延续。

在凯里市2020年度"蓝房子公益图书室"项目推进会上，衣邦人被授予爱心企业奖牌。方琴表示，衣邦人作为一家有爱心、有责任心的企业，主动承担起企业的社会责任，旨在为社会尽一份绵薄之力。作为国内服装定制行业的领军企业，衣邦人不仅专注于让定制融入美好生活，也以高度的社会责任心关注贫困儿童，以公益计划让更多的人实现对美好生活的向往。

穿战袍，赢2020

近日，衣邦人有一个大动作——"99定制节"。这是一场定制文化的盛宴。

2018年，衣邦人初次推出"99定制节"，获得了良好的客户反响。2019年，第二届"99定制节"在力推多项定制优惠的基础上，更着力打造服装定制文化体验与分享平台，让更多消费者了解熟悉进而青睐定制服务。

随着"99定制节"的影响力不断扩大，大量消费者开始了解和认同服装定制，涌现出越来越多的拥趸者。2020年的"99定制节"，方琴希望能够更好地普及定制，拉近定制与消费者之间的距离，并呼吁全行业一起来造节。

为此，衣邦人邀请了分众传媒创始人兼CEO江南春、浙江大学管理学院院长魏江、亿邦动力董事长郑敏、风和投资董事长吴炯等500位行业榜样为"99定制节"送上祝福，携手开启定制潮流盛典。

"穿战袍，赢2020"，衣邦人喊出了一句霸气的口号。如果说白大褂是医生的战袍，国家队队服是运动员的战袍，那每一位职场人士的战袍，就是一件得体的西装。而这个创意，源于方琴的亲身体验。

"每次我要参加活动，或者出席发布会等重要场合，就会换上西服，像是要披挂上阵。"方琴笑着说，"我相信很多商务人士、政界工作者也会有这种感觉"。

至于"赢2020"，方琴解释："2020年对所有人来说都是很魔幻的一年。我们必须得承认，不管怎么样，疫情还是给大家带来了一定的创伤。所以我希望每个坚守城市的个体，能在时代的浪潮下依旧保持真我与自信，在更大的挑战和机会面前，打起精神，为2020年努力奋斗。"

自第三届"99定制节"开始，衣邦人承诺每一笔有效订单都将为衣邦人"蓝房子"公益阅读项目提供资金支持。在"99定制节"公益之夜，衣邦人通过公益拍卖环节，与嘉宾共同感受公益的力量。

这次盛典，衣邦人推出了AI定制新品买一送一、战袍系列新品8折等优惠活动。而AI定制，正是衣邦人数字化的一次升级。用户不需要预约上门服务，在衣邦人的App里就能轻松体验智能化定制。

与此同时，衣邦人还推出了AI定制终端设备，目前已经在成都和重庆两个首发测试城市落地，走进了100家健身房。用户可以通过自助量体，查看身材数据报告，选择自己需要的品类与款式。

步履不停，创新不止。在每一个今天超越过去，用每一个今天刻画未来，或许这就是衣邦人的魅力、方琴的魅力。

不禁让人想起2005年乔布斯在斯坦福演讲中给毕业生的赠语："stay hungry, stay foolish"这是他的自我期许，恰也是方琴的最佳写照。

方琴的"hungry"，是迫切求知的渴望，是面向未知的探寻；而她的"foolish"，是恪守初心的执着，是笃行致远的坚定。这是实现梦想最简单的原则，也是一种永不懈怠的生命状态。

责任编辑/沈意

华桂潮：在杭州，我们敢于做梦

□杭商传媒记者 李 洁/文 徐青青/摄

华桂潮身材高大，
戴一副眼镜，目光炯然坚定，
常常面带微笑，有着江浙文人的斯文与睿智。
这恰恰符合他科学家的本质。

2020年，是华桂潮在杭州创新创业的第21个年头，他创新的热情依旧如初。

2016年，他所创办的英飞特电子（杭州）股份有限公司（以下简称英飞特）搬进了杭州高新区属于自己的新园区，并在创业板成功上市。在抵达里程碑之后，他酝酿起了新的目标。

"英飞特的管理日趋完善，逐渐向'无为而治'转变。2018年，我再次创业，成立了四维植业，主要研究植物照明，开发垂直工厂种植有机蔬菜、水果，为民众提供安全、健康的食品。"

一路走来，华桂潮扎根杭州，用科技耕耘实业。

■ 科学家的回归

华桂潮身材高大，戴一副眼镜，目光炯然坚定，常常面带微笑，有着江浙文人的斯文与睿智。这恰恰符合他科学家的本质。

在杭州创业20余年，先后成立了三家高科技企业，但在同事们的眼中，华桂潮首先是一位科学家——亲自上阵，组建了国际化的研发团队，带领英飞特成为LED驱动电源全球领航者。

将科学家的专注精神投射到创业之中，他在杭州先后走过了不平凡的历程。

1999年，他回国创业，辗转、考察国内各大城市，当考察到杭州时，被杭州的真诚、高效与热情深深地打动了。同一年，伊博电源（杭州）有限公司便在杭州高新区应运而生。

单枪匹马回来，40万美元的启动资金，这就是华桂潮的"二次创业"之初。当时，伊博成为杭州高新区留学人员创业园首家批准入驻创业园一期工程园区的企业，获得了17万元的政府孵化基金。"在天堂软件园，顶楼第三层，是当时这里最高的楼宇了。"现在回想起

人物 PROFILE

■ 英飞特电子（杭州）股份有限公司董事长华桂潮

来，他笑着说，"这样的起点不算'低'。"

作为优秀的海外华侨代表，他始终怀着产业报国的情怀，致力于中国开关电源领域的发展和进步。还是在杭州高新区，2007年，华桂潮创立了英飞特电子（杭州）股份有限公司，起征"三次创业"。

从东方通信产业园到海创基地，再到江虹路上的英飞特产业园，这些年，英飞特在杭州高新区搬了几次"家"，但始终都没有走出这片创新高地，并成为引领产业发展的杰出代表。

其中有不少让华桂潮难忘的细节。2010年，在英飞特销售规模只有几千万元之时，杭州高新区便批复了土地让英飞特建设自己的园区。原因在于，华桂潮掌握着全球领先的创新技术，LED属于节能环保产业，发展空间不可限量。"在杭州高新区，只要你埋头做事、埋头创业，政府的领导都会主动上门来关心企业的发展，主动送政策、送服务。这样的环境、这样的氛围确实非常适合我们归国留学生创业。"杭州高新区对引进人才的一贯重视，让他感动不已。

2012年，英飞特成为第一家迁入海创基地的企业，也是当时面积最大的企业。"公司在海创有8000平方米，当时我们把生产放在了华业园区，最开始生产只有200平方米面积，区领导很有远见，帮我们在华业预留了空间，很快产线'嗖嗖嗖'地铺开，销售额每年都在快速增长。"在那之后的几年，随着LED产业的推进发展，英飞特走上了成长的快车道。

2016年4月，公司入驻英飞特科技园，近年来，不断有高新企业入驻园区，园区已经为四五十家企业和机构提供研发和经营场地，比如浙江省照明电器协会、网易、紫光集团等。英飞特科技园以"助推产业升级，聚集区域产业氛围，打造区域核心精品项目"为目标，成为杭州高新区实施"产业引领，创新驱动"战略、发展智慧产业的示范园区。

在华桂潮看来，杭州高新区与英飞特有着一脉相承的创新基因。华桂潮说，现在回过头去看，他的选择是非常明智的，越来越多的人才愿意来杭州高新区创业，因为这里的创新创业环境对创业者非常有利，政府会在创业的各个阶段为企业"撑腰"和"加油"。"政产学研金服用"已形成了完整的产业链，彼此相互作用，相互促进。

激情满怀"四次创业"

2016年12月28日，英飞特在深圳证券交易所创业板成功上市。英飞特从杭州高新区开始，从无到有，从小到大，快速成长为顶尖企业。华桂潮带领英飞特，在自主创新这条路上深入探索，代表着中国参与国际竞争，成为改革开放过程中杭州高新区创新创业的一个样本。

英飞特电子在美国、欧洲、墨西哥、印度等地成立了子公司，并在韩国、日本、深圳等地设立办事处，建立了覆盖全球的营销网络，打通了全球供销链。凭借先进的科研实力和高性能的产品，稳居半导体照明产业——LED驱动电源细分领域行业龙头地位。公司产品销往北美、欧洲、日韩、南美、东南亚、中东等全球80多个国家和地区，被应用于2016年G20峰会杭州西湖的LED景观亮化、世界最长跨海大桥港珠澳大桥照明工程、美国自由女神像、美国总统公园、北京天安门等国内外知名工程。

截至2019年年底，公司及子公司共拥有授权专利240项，其中包括23项美国发明专利、一项欧洲发明专利和108项中国发明专利，发明专利占比高达55%。同时公司牵头起草了国家半导体照明工程研发及产业联盟制订的国内第一部LED驱动联盟标准《照明用LED驱动电源通用规范》，并参与修订相关行业标准10余项。

2018年年初，华桂潮成立了四维生态科技（杭州）有限公司，面向全球推广新型农业种植一体化解决方案。"我们引进并汇聚一大批农业种植和系统环境控制等相关领域的知名专家，目前已建成杭州最先进的'植物工厂'，设有种植实验室、机械实验室、电气实验室、光学实验室和营养液实验室。植物工厂拥有产量高、生长周期短、无农药及重金属残留、可移动、模块化等重大优势。"

"这是我的第四次创业，裂变创新的杭州高新区龙头企业已经越来越多，杭州高新区已经变成了一个'大孵化器'，大有'千树万树梨花开'之势。这是我满怀激情，持续不断在杭州高新区创新创业的最大原因。"

华桂潮说，"创新"是一个爬山找新路的过程，只要想爬山，就会有路。每一次的创业，都是站在新起点上"再出发"。作为企业家，在深耕传统业务的同时，更应该在一些新兴领域积极布局，这种裂变式的创新正是数字经济时代必须具备的。"在这里，我们敢于做梦。"

责任编辑/沈丽萍

人物 PROFILE

■浙江碳银互联网科技有限公司董事长俞兆洪

俞兆洪：初心是起点，也是终点

□杭商传媒记者 王柔仪/文 徐梦琪/摄

自古逢秋悲寂寥。但对浙江碳银互联网科技有限公司董事长俞兆洪来说，10月28日，是个"胜春朝"的日子。

采访当天，恰逢浙江碳银成立五周年。作为杭商传媒的老朋友，俞兆洪开门见山地打开了话题："今天早上，我思考了三个问题。"

"第一个问题是，公司五周年，要不要办个活动庆祝一下？后来想想，五年如一日，今天也没什么特别。第二个问题是，这五年对我个人来说意味着什么？我的感受是，保有适当的压力和紧张感，但是不再焦虑了。第三个问题是，这五年对公司来说意味着什么？我想，最值得高兴的是碳银在一条艰难的创业之路上走下来了，并且走出了碳银模式。"

五年，碳银实现了"分布式光伏产业互联网服务平台"的从0到1，年营收从几百万到几个亿，产业范围从浙江走向长三角、珠三角、京津冀……

如果说，这些年碳银在跌跌撞撞中学会了走路，那么接下来，羽翼逐渐丰盈的碳银要开始奔跑了。

梦想与信念

俞兆洪形容创业就像游泳，刚下水时意气风发，接着便是想着乘风破浪，但回头看时，才发现身后翻滚的海浪随时可能将人吞噬。

俞兆洪坦言，刚开始那几年，围绕如何搭建"低碳产业互联网平台"这一初心，碳银走得并不轻松。缺资金、缺资源、缺人才，创业的三大难，他一个也没逃过。如果用他的"游泳理论"来解读，大海里不止波涛汹涌，还有疾风呼啸。然而只要方向正确，每一阵风浪，都加快了他前进的速度。

俞兆洪告诉记者，"低碳产业互联网平台"本质上是对低碳产业的一次数字化革命，要打通行业壁垒，解决产业链条上每个环节对应的问题，最终通过链条上各个角色的通力协作，实现降低成本、提高效率、促进产业发展的目的。这对于产业的发展，具有重大的意义。

通过不断的实践与探索、选择和放弃，碳银最终把"低碳梦想"聚焦到"分布式光伏"这样一个特定的应用场景。通过输出互联网和数字技术，碳银打通了户用光伏产业链条的上下游关系，搭建起产业和金融服务的桥梁，构建起了"高效＋智能"的户用光伏行业生态。2018年年底，碳银的营收突破了千万；2019年破亿；2020年虽然受困于"疫情"，但目前也已实现了几个亿的营收。

俞兆洪把碳银的飞速发展归结于运气和信念。他说，首先是时代成就了今天的碳银，碳银这些年做的事情是国家在大力推动的。特别是国家能源局于2018年3月印发的《能源工作指导意见》，提出要加快能源绿色发展、扩大清洁能源产能、努力构建清洁低碳、安全高效的能源体系，这为碳银的发展提供了政策支持。"我们不能说是精准地踩着节奏，但是无意中站到了历史的窗口上，这是碳银的运气"。

然而光有运气是不够的，俞兆洪说，一路坚持下来，更需要的是坚定的信念。"我一直都相信，互联网和数字技术可以改变传统行业，让服务更有效率。所以，这些年虽然走的磕磕绊绊，但是信念绝不会动摇。"

正是在"运气"和"信念"的双重助力下，碳银成功搭建起了分布式光伏应用场景的综合服务平台，实现了户用光伏项目全流程与资源的高效整合、业务管理的数字化、资源匹配的线上化和标准化；通过大数据、云计算等技术，为广大企业用户提供远程协同服务，提升了小微企业主的综合素质和专业水平；而平台推出的普惠金融服务，则打通了C端客户与金融机构的线上端口，快捷高效地解决了客户的资金难题。

2018年，碳银入选国家高新技术企业；2019年，入选"浙江省数字经济新锐企业20强"，业务范围由华东5省1市，覆盖至华南、华中、华北等十多个省份……在推动分布式光伏产业数字化、提高行业效率上，碳银证明了自己。

但俞兆洪表示还远未成功，碳银的"低碳互联网"梦想，绝不局限于分布式光伏，而是要构建一座低碳产业互联网综合服务平台。所以，在低碳、绿色、可循环的世界里，碳银将推出第二条、第三条应用场景。

从最初的"低碳梦想"到聚焦户用光伏，到如今怀揣初心再启程。这一次，碳银将以更自信的心态游向更浩瀚的星辰大海。

使命与信任

新应用场景的开发，意味着需要巨大的研发投入。俞兆洪也曾踌躇过，是守着业已成熟的模式稳步前进，还是追求创新、迎接挑战？

俞兆洪一直相信，未来城乡的人居环境一定是更加绿色、低碳、可循环的。而他理想中的碳银，应该是以"户用光伏"为切口，将基于数字化、互联网化的生态体系覆盖到更广阔的城乡建设中去。

面对记者的疑惑，他进一步解释，碳银现在的低碳场景，具体说来就是屋顶改造，开发了屋顶利用太阳能发电的功能。"相当于碳银给客户打造了一个可发电的屋顶。那我想，既然屋顶可以'再造'，那我们为什么不把整个房子都造了，把房子里的设备设施也造了？我们可以利用空气能、风能、太阳能等，让整个建筑生命都是绿色的、低碳的、可循环的。一座房子，其实就是一座小型的绿色生态圈。"

从俞兆洪坚毅的眼神中，看得出碳银的自信。这样的自信并非空穴来风。2020年7月，某晶硅工厂的火灾事件，一度引发了行业性的价格失调。紧急情势之下，碳银却坚定地做出了"不断货、不涨价"的承诺。

"这是一次检验碳银的机会。"俞兆洪认为，"本质上，我们做的是平台服务，平台承担的是建立共识、维护共识的职责。尽管情势紧迫，我们必须要勇敢站出来，降低合作伙伴的风险，给他们吃一颗定心丸，维护好合作伙伴与我们的信任关系。"

所以，在上游提价的情况下，碳银通过数字化手段提高效率，降低服务成本，下调自身利润，以此消纳了部分的价格涨幅，并平稳地过渡给下游供应商。

在"利润"和"信任"中，碳银选择了"信任"。这进一步证明了碳银平台的价值，也是俞兆洪坚信可以打造"低碳互联网"梦想的原因，因为，有越来越多的小微企业愿意和碳银一起逐梦。

执着与热爱

每天，俞兆洪六点半就起床了，沿着钱塘江大约跑5～10公里，然后八点半到公司。这两个小时，是俞兆洪与自己独处的时间。奔跑让他年轻且热情，江风让他理智且清醒。

到公司后，俞兆洪例行关注两个事。一个是平台的效能，这是碳银的核心，另一个则是产品的开发。"我的生活、工作都很简单。"俞兆洪说。

他说的简单，就是对热爱的事情执着。

学生时代的俞兆洪喜欢写诗。他回忆，小时候最爱不释手的刊物，叫《星星诗刊》。"那时候其他小朋友都订《小蜜蜂》，就我看《星星诗刊》。现在去看那些诗，有些仍值得回味。"上初中后，俞兆洪成了校园诗社的社长。他给《少年文艺》投过稿，还发表了不少。那时自己写的诗，在现在的俞兆洪看来多是"为赋新词强说愁"，但"文艺梦"是他最初的梦想。

当问到当初为什么选择创业，俞兆洪说，人一开始，都是被社会要求出来的。在这个被要求的过程中，不断地证明自己，努力得到正向的反馈。"慢慢脱离这个阶段之后，形成了自己的价值观，会去思考应该去做什么样的事情？什么样的事情是有价值有意义的？"

"2015年成立碳银，就是因为一个简单的想法，能为社会创造价值，商业逻辑也通，并没想着要走多远，赚多少钱。"

俞兆洪喜欢阅读，尤其对文史类、哲学类的书籍情有独钟。最近，《共治时代》一书让他颇有感触。书中讲述了宋朝第四位皇帝宋仁宗的一生，他在位年间以仁治国，大力推行皇帝与士大夫共同治理天下的机制，使宋朝呈现了繁荣之景。

俞兆洪认为，宋仁宗的治国理念与团队的管理有着相通之处。"尤其是创业团队，你要集聚一群人，为了一个所谓的信念去奋斗，就应该懂得分享，懂得发挥所有人的积极性和长处，要给予他们充分的信任和空间。"

阳光成就了俞兆洪的梦想，但他何尝不是在助力更多的人实现梦想？每次新经历，都是所有碳银追梦人的共同记忆。

梦在远方，路在脚下，面对下一个五年，俞兆洪充满了期待。对于"产业互联网"本身，俞兆洪从未动摇并深深相信，当明白了一万个道理，还愿意执着地坚守，这应该是真正有趣的东西，是能让人兴奋的东西，是天生，也是真爱。

责任编辑/沈意

杭州恒益筛网有限公司

恒益筛网

公司成立于1995年，是一家以经营印刷丝网、金属滤网、不锈钢丝网、不锈钢微丝、烧结网和其他金属材料等过滤材料为主的生产加工型企业。产品广泛用于石油、化工、化纤、冶金、电力、水处理、食品饮料等行业。

公司秉承"诚信、专业、共赢"的经营理念，坚持用户至上、质量第一，以科技服务客户，坚持技术进步、不断创新、不断超越，生产工艺和技术已达到行业领先水平。

◎地址：杭州市萧山区新街街道陈家园村
◎电话：0571-83739718　◎E-mail：564395362@qq.com

简约／美丽／温馨／舒适

TEXTILES

产品涉及化纤、全棉等服装面料织造，装饰布料和床上用品的生产加工。拥有各类面料的刺绣加工能力，包括平绣、带绣、珠片绣等特种绣。产品销售遍及俄罗斯、欧美、日本、中东和东南亚等地。

花之城纺织

◎地址：杭州市萧山区新街工业园区（长山四号桥）　◎邮编：311217
◎电话：0571－82615657　◎传真：0571－82851323　◎E－mail：hzczlp@126.com

杭州花之城纺织（绣品）有限公司

公司投产于1998年10月,是全省首家县级行政区创办的预拌混凝土企业,也是实行新资质标准后,首批被省建设厅核定为行业最高资质的贰级预拌混凝土生产企业,准予生产各种强度等级的混凝土和特种混凝土,企业现已通过ISO9001:2000质量管理体系认证。

企业为浙江省物产集团旗下的国有参股公司,有荣星、坎山2个搅拌站,5条生产线,年生产能力200万立方米,供应范围可覆盖整个萧山、滨江区及绍兴柯桥部分地区。

公司曾被评为中国混凝土行业优秀企业、浙江省混凝土行业优秀企业、杭州市优秀企业、浙江省工程建设放心满意推荐产品单位,并多次荣获萧山区百强企业和企业信用3A级企业,产品销量名列萧山区首位。

浙江萧山建宏商品混凝土有限责任公司

◎地址:杭州市萧山区市心北路恒逸集团大厦六层
◎传真:0571-22885071　E-mail:lwb@longfei.com

fresh, natural and beautiful
fabric manufacture

杭州田野提花织造有限公司

为 好 床 垫 提 供 好 面 料

◎ 地址：杭州市萧山区义桥镇田丰村工业园　邮编：311256
◎ 电话：0571-82212608　传真：0571-82212766
◎ Http：//www.tianyemade.com　E-mail：arleen@tianyemade.com

www.tianyemade.com

轻轻恋上一张床

TIANYE JACQUARD
田野提花

公司成立于2003年8月,是一家集基地苗木培育、营销、工程设计、施工及养护于一体的现代化园林工程企业。公司技术力量雄厚,具备承接各种规模的园林绿化、市政设施、园林设计等工程的能力。

公司坚持以"信誉第一,以人为本"的经营宗旨,成立至今已先后在浙江、上海、新疆、贵州、青海、山东、云南等地承接了大量的绿化工程,公司以提升市政环境为目标,在工程中不断优化和改善城区环境,美化和提升城市品位。公司在发展自身业务的同时,也有力地推动了当地产业经济的快速发展。公司凭借优质的施工技术、良好的信誉与服务态度,受到了社会各界人士及政府的高度评价。

杭州田厚市政园林工程有限公司

◎地址:杭州市萧山区湘湖金融小镇二期3B号楼101室　◎邮编:311200
◎电话:0571-82888668　◎传真:0571-83871111　◎E-mail:1683888888@qq.com

争 奇 斗 艳 尽 在 映 山

公司始建于1988年，下辖杭州萧山环保化工厂和连云港映山花化工有限公司，企业通过ISO9001:2000认证，是AAA级信用企业。主要产品有有机颜料偶氮红、黄、橙系列和色淀颜料以及无机颜料铬黄系列，锌铬黄系列，钼铬红系列等，广泛应用于油墨、塑料、橡胶、油漆、纺织印花、涂料、皮革、文具等工业，远销世界各地，深受中外客商好评。

公司是中国涂料工业协会和浙江省颜料工业协会会员单位，"映山花"品牌是国家重点保护品牌。

YING SHAN HUA

杭州映山花颜料化工有限公司

YING SHAN HUA
映山花

地址：杭州市萧山区南阳经济开发区
邮编：311227
电话：0571-82170888　82173666　82170076
传真：0571-82170476
Http：//www.yshpigment.com
E-mail：ericshen@yshpigment.com

S 舜达伟业
trong quality

浙江舜达伟业物资有限公司
地址：杭州市萧山区新街工业园区
电话：0571-82712143

萧山舜达
地址：杭州市萧山区城东通货路38号
电话：0571-82727578 82718380

城东分公司
地址：杭州市萧山区萧绍路68号
电话：0571-82724899

杭州伟达
地址：杭州市石祥路266号
电话：0571-88167936 88167428 88167937

上海万舜金属材料有限公司
地址：上海宝山友谊路1508弄（晶钢商务）1号502室
电话：021-51252000 51250001 51250002

公司成立于1995年，拥有净资产3.2亿元，年销售收入10亿元。

公司以宝钢、鞍本钢、杭钢产品为依托，生产和经营彩色涂层钢卷、镀锌钢卷、彩钢夹芯复合板、彩钢压型板、镀锌压型板、镀锌楼承板、C/Z型钢檩条、轻钢结构等新型绿色环保材料。品种齐、规格全、加工质量有保证。

LECTURE | 演讲

第四届世界杭商大会大咖说

□杭商传媒记者　李　慧/整理

【编者按】世界杭商大会是杭州为凝聚杭商力量、搭建合作平台、打响杭商品牌，实现杭州与杭商共赢发展而设立的重要活动。第四届世界杭商大会期间，知名杭商畅叙杭商精神，共论后疫情时代的杭商机遇。以下是部分杭商在接受杭商传媒记者采访时的实录。

我的产业报国初心

杭州娃哈哈集团有限公司董事长宗庆后

在全球新冠肺炎疫情持续蔓延的特殊时期，困难并没有困住杭商寻求发展的脚步，今天我们在世界各地的杭商通过线上线下相结合的方式"云聚钱塘"，给这场杭商盛会增添了别样的意义，也呈现出我们杭商开放创新、勇立潮头、担当有为的精神风貌。

众所周知，南宋是中国历史上繁荣富庶的黄金时代，作为南宋都城的杭州，是当时亚洲各国经济文化的交流中心，被马可波罗誉为"世界上最华贵的天城"，南宋"经世致用"的务实精神和"工商皆本"的国策为杭州奠定了深厚的商业基础。改革开放40多年来，老一辈杭商筚路蓝缕，敢为人先，创造了诸多全国第一，甚至世界之最。迈入新时代，以数字经济为核心的新一轮科技革命正以破竹之势推动产业变革，一大批新杭商走上舞台，继承了勤奋、诚信、敬业、担当的优良传统，继续开创新的事业。如今，"互联网之城"成为了杭州的新名片，科技创新正在为这座城市闪耀更璀璨的光芒。

2020年是激荡的一年，尽管一场突如其来的疫情让整个世界面临经济危机，我国经济亦遭受冲击，但越是在困难的时候，越要迎难而上，将我们杭商的传统和精神发扬光大。可以看到，在以习近平总书记为核心的党中央的坚强领导下，我们聪明勤劳的中华民族在第二季度的GDP恢复了增长，近期联合国贸发会议发布的《2020年贸易和发展报告》指出："全球经济面临深度衰退，中国仍将保持正增长。"这说明危中有机，我们14亿人口所形成的超大规模内需市场蕴藏着巨大的潜力，我国经济内生动力足，具有很强的韧性。"推动形成以国内大循环为主体、国内国际双循环相互促进的新发展格局"是2020年以来习近平总书记反复强调的问题，因此我们企业要提振信心，顺势应变，及时切换到依靠内需为主的发展模式上来，重点挖掘国内消费市场的潜力。

如今，老百姓收入增加了，生活水平逐步提高了，涌现出多种多样的消费需求，我认为各行各业都可以挖掘出新的增长点，抓住机遇的关键在于"创新"二字。办企业如逆水行舟，从来没有止橹享乐的时候，要捕捉和理解新一代消费者的价值观念、生活方式等内心需求，通过产品创新、技术创新、管理创新实现转型升级，用优质的产品和服务去回应他们的变化，企业才能实现健康发展、基业长青。娃哈哈已经创业33年，同样也在不断寻找新的增长点，近年来我们从"安全"转向"健康"，大力发展大健康产业。目前我们"康有利"大健康电商平台正在招募零售商，我们将提供贴息贷款，并且免收加盟费开设线下专营店。欢迎有志创业者联系我们，同时也欢迎各大企业与我们进行多元合作，让我们一起为国人健康贡献自己的力量！

我们生于斯，长于斯，奋斗于斯，充盈于斯。在中国这片热土上，有不断成长成熟的市场、有消费升级的商机，政府一直在致力于营造一流的营商环境，为我们企业的发展提供了强大的支持和帮助。作为企业，应该致富思源、富而思进，坚定产业报国的初心，真诚地回馈社会，先富带动后富，促进共同富裕。特别是在当前特殊时期，我们要跟党中央、国家一条心，共度难关，砥砺奋进，相信风雨之后必定有彩虹，我们一定能尽早实现中华民族伟大复兴的中国梦！

危机遇新机，变局开新局

浙江省工商联主席、富通集团董事长 王建沂

天下杭商幸逢盛世，共襄盛会，感谢杭州市委市政府一直以来对民营企业和民营企业家的支持和爱护。全省上下正在深入学习贯彻落实习近平总书记考察浙江和在企业家座谈会上等系列重要讲话精神，杭州市委市政府高规格召开第四届世界杭商大会，是贯彻落实两个毫不动摇，落实省委忠实实践"八八战略"，奋力打造重要窗口的具体行动。

杭州是数字变革的策源地，杭州正在勇当科技创新的探路者，正在探索建设科技特区，提升科创平台的能级，构建全域创新生态，争创市场经济最优市。当今世界正处于百年未有之大变局，在经济双循环新的发展格局下，广大杭商如何在危机中遇新机，在变局中开新局？围绕今天会议的主题，我谈一下几点体会：

一是坚定不移拥护党的大政方针。始终坚持以习近平新时代中国特色社会主义思想为引领，领会和落实国家支持和促进民营经济发展的系列重大政策，凝聚政治共识，保持政治定力，树立家国情怀，坚定产业报国、实业报国。主动围绕杭州市委市政府的工作中心，服务杭州市经济发展大局。

二是坚定不移勇于创新。坚定不移地实施创新和转型升级，将各行各业打造成为具有强大竞争力的创新主体和发展主体，抓住"两新一重"建设（新型基础设施建设、新型城镇化建设、交通水利等重大工程建设）等重大发展机遇，争当高质量发展的排头兵。

三是坚定不移地办好自己的企业。遵纪守法保企业，光明正大搞经营，坚持诚信守法，提升法制意识、契约精神，积极参与构建亲清政商关系，做好"六稳"，落实"六保"。

四是坚定不移地拓展国际视野。积极参与构建以国内大循环为主体，国内国际双循环互相促进的新发展格局，立足国内超大规模市场的优势，扎根杭州，放眼世界，充分利用国际国内两个市场和两种资源，面向"一带一路"，在参与全球竞争中锻造国际一流的企业。

五是坚定不移地承担社会责任。将企业的发展和个人的成长、国家的富强、民族的振兴、人民的幸福紧密联系在一起。积极履行企业社会责任，积极主动投身精准扶贫、东西部扶贫协作和对口支援，参与助力脱贫攻坚和全面建成小康社会。

楼观沧海日，门对钱江潮，在全面建成小康社会，实现第一个一百年奋斗目标和开启第二个一百年奋斗目标的关键时刻，让我们化壮志为行动，付豪言于实践，拥抱新时代，勇当弄潮儿，实现新飞跃，创造新辉煌，为杭州努力建设世界名城，奋力展现重要窗口头雁风采，做出新的更大的贡献。

拥抱数字化浪潮

中国工程院院士、阿里巴巴集团技术委员会主席王坚——

这是一个变化的时代，如今全国乃至全世界都在谈论数字化，一个叫产业数字化，一个叫数字产业化，其实两者都是城市数字化的结果。

时代更替不是简单的新技术替代老技术。电气化到数字化，对中国来说是机遇也是挑战。电力是经济发展非常重要的指标，如今中国一年的发电量超过美国、日本、俄罗斯三个国家的总和，但是我们经济发展的水平，还没有达到和发电量相当的程度，中间缺少了技术的发展。

云计算、大数据、人工智能、区块链、AR/VR……这些技术如何来支撑整个社会的发展？我们需要一个新的技术体系。因此在数字化转型过程中，我们最大的机会，不止是单项技术的发展，而是一个新的技术体系的形成。

今天太平洋两岸的科技竞争，很像当年大西洋两岸的竞争。英国为了保持技术上的先进性，限制了纺织机械甚至图纸的出口，但这并没有妨碍美国完成自己的工业革命。同样的，无论是电的发明、铁路的发明，还是汽车的发明，都在欧洲实现，但是美国最先进入电气化时代，成为车轮上的国家。我们正处于互联网时代，即将步入下一个数字化时代。数字化相关技术并非最早在中国产生，就像当年的电力并非在美国诞生一样，但我认为中国相比世界其他国家，更有可能完成真正意义上的数字化。背后有两个根本的变化至关重要。

第一个变化，是大家老生常谈，却没有去深究的数据问题。实际上数据的意义和内涵，远远超出了过去专家学者们所谈论的大数据范畴。2020年年初，中共中央、国务院出台了第一份要素市场化配置文件，把数据纳入了生产要素范围，与土地、劳动力、资本、技术等传统要素并列。每发现一种新的要素，人类社会都会发生一次翻天覆地的变化。我认为在中国，我们有能力把要素对社会经济的价值发挥到极致，这一点在疫情期间就可以看出来。所以如今的数据，不是简单的硬盘数据，不再只跟互联网公司联系在一起，而是已经变成了一个国民经济发展的要素问题。

第二个变化，跟杭州有关系。第一次工业革命，从英国的城市开始。同样的，电气化能够在美国完成，有一个城市功不可没。纽约是马力时代跟电力时代的分水岭城市，在全球率先将电作为照明来源，后来又有了电影院、电冰箱、洗衣机、电视机……电气化给城市带来了繁荣。电力作为基础设施代表，在城市和国家每一次关键的发展阶段，都起到了非常重要的作用。有了电以后，大家才发现可以实现更多的创新。

至于杭州，不仅要打造数字经济第一城，也提出要打造数字治理第一城。总结起来，城市数字化是所有新产业发展的重要基础。今天，全世界60%的人口生活在城市地区，预计到2050年，这个比例会上升到80%。中国在过去二三十年里，城市人口承载力也增加了100%，这给城市的发展创造了巨大机遇。我希望杭州能像纽约一样，抓住时代更替的机会，成为全世界城市数字化的标杆。

美国一个著名的建筑师曾说："世界上没有人需要贝多芬第五交响曲，直到贝多芬把它创造出来。"艺术创新是这样，工业创新也是这样，当时代发生变化的时候，所有东西都不是我们能设想到的，创造决定一切，杭州恰恰有这个机会。

我认为，杭州的创新非常特别，是将信将疑、坚定的尝试，也就是说虽然存有疑问、没有把握，但大家都努力去干。"无中生有"，我也有亲身体会，做云计算的时候，

（下转108页）

创新是生命线

紫光集团联席总裁兼新华三集团首席执行官 于英涛

对于高科技企业来说，创新是生命线。对于新华三来说，创新是逆水行舟，不进则退，是我们能够屹立在科技之巅的护城河。

新华三是中国第二大服务器生产厂商，2019年在研发领域投资超过50亿元人民币，我们平均每天有四项发明专利产生，连续7年蝉联浙江省百强创新企业第一。创新是我们维持生存的根本，但又面临着诸多困难。

在中国ICT领域，我们跟另一家企业并驾齐驱，占据了中关村企业80%的市场份额。再将目光放得长远些，方向性的把控、国际视野的建构，对我们来说都是挑战，而更多的困难在于基础科学。

我们国家的基础科学还存在薄弱环节，尤为明显地体现在芯片、通信、医药等领域中。我国每年有800万应届毕业生，是美国的两倍，但我们自然科学领域的高精尖人才，跟美国相比还存在一定差距。所以无论是基础科学方面还是人才培养方面，我们都面临着一些困难。好在中国是一个人口大国，有大量的工程师红利，而且中国人聪明勤奋，我相信这些困难终究能够克服。

规则意识是创新的另一大要素。中国人参与全球竞争、国际循环，要尊重国际规则和知识产权。我们不仅要尊重国外的知识产权保护，更要注重国内的知识产权保护。没有知识产权的保护，就没有创新。因此，创新需要几代人的努力，特别是我们这一代企业家的身体力行。

谈到芯片领域，长江存储科技有限责任公司是我们紫光集团旗下的企业，目前是中国最大的芯片设计制造公司，专注于3D NAND闪存的设计和制造，已经从32层、64层、96层，做到了目前的128层，基本实现跟全球接轨。2020年11月，新华三装载有长江存储3D NAND闪存固态硬盘的整机将会面市。虽然我们的技术已经比较先进，但良品率还需要提升，这方面较国外芯片公司还有一段差距。

我们是中国最大的ICT企业之一，有超过60%的芯片、中间件，操作系统用的是国外的系统，因此在2020年，整个行业都受到了中美关系波动、海外疫情蔓延的大力冲击。为了保持供应链的稳定性，我们公司围绕产业链上游扩张，开展垂直化的产业链布局。中央政府也推出了一系列政策，包括以新基建拉动的财政、金融等产业政策、人才方面的政策等，给国内的经济发展注入强大动力。

"双循环"的新格局、大力发展数字经济的政策措施，也会给新华三的未来发展带来机遇。我们作为诞生于杭州，成长于杭州的企业，定将为杭州打造数字经济第一城，负起我们领军企业的责任。

让理想展翅飞翔
浙江长龙航空有限公司董事长刘启宏

很荣幸能成为第四届杰出杭商，我真的非常激动！

长龙航空是浙江人自己的航空公司。企业生在杭州长在杭州，在杭州亲商安商的好环境里，得到了快速发展。我们从2013年开始投入客运以来，客机规模已经达到了52架，应该说创造了中国民用航空业快速发展的奇迹，业界也叫长龙速度。

长龙航空总部基地设在萧山国际机场，是萧山国际机场唯一的总部运营航企，至今已开通400多条航线，杭州出行的独飞航线，占了130余条，对杭州起到了内联外通的作用，对地方经济的发展起到了积极的推动和支撑作用。

2020年的疫情对航空业冲击巨大，春节后直到6月，由于受疫情影响，出行受到很大的限制。但是，长龙航空变危为机，利用疫情期间的"淡季"，加强包括技能、安全、业务、管理、人员培训等方面的工作。我们做到不裁员不降薪，还招收了1000多名应届大学毕业生。2020年全国民航系统引进了40多架飞机，长龙航空就占了6架飞机，可以说我们是逆势发展。

今年，我们按照省委省政府、市委市政府的防御要求，做到不断航不停航，特别是独飞航线，哪怕亏钱，没有一个旅客，我们也一直冲在前面，打通空中救援通道，为救援防疫物资的运输提供帮助。我们还积极向国家民航总局、省卫健委请缨，承运了浙江省所有援鄂医护人员，将他们安全送到一线，又迎接他们凯旋归来。

杭州因为数字经济的驱动，近几年的人才净流入排在全国前列，未来会发展得更好。2010年我初到杭州时，人口才560万左右，现在已经超过了千万。长龙航空的员工95%以上来自全国各地，我们还有外籍飞行员，平均年龄在27岁左右，年轻人愿意在杭州工作，这充分证明了杭州是理想中的人间天堂，是一个充满活力和创新的城市。

我们将围绕杭州市数字经济的发展需要，进行高质量发展。正在建设中的长龙智能维修基地，整体投资50个亿，是浙江省重点建设项目和重大产业项目。

杭州前不久刚刚获批自贸区，萧山国际机场是杭州自贸区的核心区，长龙航空要搭建航空大平台，起到作为龙头企业的带头作用，为杭州民用航空的数字赋能做出更大的贡献。

我们将建立飞机零配件再制造及交易中心，围绕航空上下游的产业来做好联动，为国内外航空企业提供优质服务。

第三届进博会即将来临，长龙航空准备在进博会上有所动作。我们的飞机都是进口的，我们2020年会继续和CFM国际公司合作，2019年我们签的进口单是4.77亿，是浙江首单和最大的一个单，2020年我们的合同金额将超过6亿美金，A321新机型将在亚运会前投入使用。

长龙航空有幸被杭州2022年19届亚运会组委会认定为官方航空类合作伙伴，我们将牢牢抓住"后峰会前亚运"的契机，为杭州经济的发展做出更大的贡献。

我的颠覆性创新创业梦

杭州林东新能源科技股份有限公司、杭州绿盛集团有限公司董事长 林东

获得杰出杭商的殊荣，我特别激动，也特别感恩。宗庆后、马云、李书福等一批前辈，像星星一样照耀着千千万万的杭商往前走。经过多年的努力，我们也非常荣幸地加入了这个行列。

杭商具备敢想敢干敢闯的创新精神，始终走在时代前列。杭州多元、包容的文化特质，促成人才净流入率全国第一，这意味着新的杰出杭商会不断涌现，给杭州的发展带来持续动力。

杭州成就了我的创业之梦，也成就了我的颠覆性项目的创新之梦。我毕业以后在杭州创业，先创办了杭州绿盛集团有限公司，主要从事牛肉干生产，属于传统食品制造业。后来，我一直在思考，能否通过自己的努力，为人类社会做一点更有价值的事？

我向来佩服两种人，一种是具有企业家精神的科学家，另一种是具有科学家精神的企业家。为人类提供全新的能源品种，完全是一个颠覆性的创新项目，在这个科学梦的驱动下，我们通过10年的努力，在浙江舟山建成了世界首座海洋潮流能发电站，由此开启了一个全新的前景广阔的清洁能源产业。

2020年是绿色经济发展的重要转折点。9月22日，习近平总书记在第75届联合国大会上庄重承诺，中国的二氧化碳排放将争取在2060年前实现碳中和。届时，碳排放将被清洁能源完全中和，实现零增长，这是实现人民美好生活的中国路径，而我们作为杭商群体中的一员，作为一家科技创新型企业，提前布局了海洋清洁能源领域，无疑会在未来发展中迎来巨大机遇。

2020年是非常特殊、重要的一年，新冠疫情导致全球经济下滑，我们国家在党和政府的坚强领导下，经济慢慢恢复正常，向世界展现了"东方之智"。在疫情大背景下提出的"双循环"，是经济双循环，随着国内中产阶级比例大幅提升，内需会被大大激发，这对于我们传统的绿盛消费品产业来说，也是一个黄金时机。

习近平总书记曾在浙江考察调研时，提出浙江要"努力成为新时代全面展示中国特色社会主义制度优越性的重要窗口"的新目标。在新时代下召开此届杭商大会，凝聚起全球杭商的力量，加入到打造重要窗口的征程中去，可谓意义非凡。

（上接105页）

起初大家不知道该干什么，但最后还是做起来了。"城市大脑"这个词最先从杭州冒出来，后来慢慢地被大众所接受。所以杭州乘着数字化时代的浪潮，可以大胆来做创新这件事。

我深刻地感受到，如今杭商的"商"字，已经不再是传统意义里的"商"了。改革开放初期，我有一次坐远洋客船，碰到外出做生意的人，其中很多人是弹棉花的，而本届杭商大会上台领奖的人，已经大幅提升了"商"的概念。

杭商的"商"字落在"杭"字上，我认为企业家在这个特殊的时代有着特殊的使命，就是把所在的城市变成创新的载体。通过大家的努力，在未来50年甚至100年后，回过头来看这座城市，会发现杭州在历史上为世界的创新做出过贡献。引领城市走向下一个时代，我觉得"杭商"也会被重新定义。

用大数据将世界照亮

——浙江每日互动网络科技有限公司董事长方毅

2020年发生的新冠疫情，让国际环境变得更加复杂多变。两年一度的杭商大会能够如期召开，实际上非常难得。这至少说明在党的坚强领导下，新冠疫情在中国已经可防可控，这种安全相比于国际大环境来讲显得十分宝贵。

杭商是中国商业经济中一支非常重要、十分活跃的力量，本届大会给杭商们加油鼓劲，我们作为杭商群体中的一员，面对未来，变得更加充满信心。

本届杭商的关键词是创新、开放、智慧、责任，四个词都重要，但是我认为最突出的是智慧。商人通常更讲究精明或者聪明的概念，但是，今天的杭商走向了大智慧的格局。老一辈浙商以温州、宁波等地区的四千精神、出海精神为典范，现在的杭商有别于过去，同时又在过去的老浙商精神基础上升级迭代，善用生物技术、人工智能、大数据等新科技，在数字产业化、产业数字化和城市的数字化治理中，为推动新经济注入力量。

其实早在10年前，我们已经开始相关科技领域的研发。疫情发生后，当我们突然出现在公共卫生抗疫第一线时，大家才发现由于我们在相关科技领域的多年积淀，我们是一家负责任的企业，我们可以承担更多的社会责任。我认为，无论是作为一家企业、或者一个社会人，应该深度参与到人类命运共同体里。

在抗疫过程中，有人提出了一个非常有意思的比喻：疫情就像一群猫冲到了一个瓷器店里，打碎了很多瓷器瓶。医疗卫生界的医护人员，要把这些瓷器瓶修复好；社区干部要挡住这些冲进房子的猫，把瓷器瓶给扶住；而我们作为大数据企业，最重要的工作是照亮这个房间，帮助找到所有猫的位置，同时我们冲出这个房间，去寻找猫从哪里来，猫窝在哪里，所以我们的工作是系统性地解决问题。

如今，整个社会都处在数字化、智慧化进程当中，运用了大量数字化、智慧化的产品。比如这次抗疫，肯定不是用盲力，我们用大数据支撑下的精密智控和以核酸检测、疫苗研发为代表的生物技术，让整个疫情防控过程变得更加智慧。我们懂得大数据，同时又善用大数据，在第一时间跨界服务于实战当中，并且快速迭代出非常多的算法，这是我们大数据企业的责任和优势。

针对大数据领域的隐私问题，我们也总结出了三原则：严把采集入口，划清流转边界，守正应用场景。从三个角度出发，保障大数据合规合法的获取，有效的保护和正当的应用。

我们常常讨论比较法和第一性原理，比较法更多关注竞争，但我们更加崇尚第一性原理。我们追求事物的本质，探求存在的问题，继而为社会创造价值。

我认为，"双循环"是在疫情背景下提出的，中国有非常深厚的纵深腹地和产业供应链，是有底气的。以我们公司为例，大数据应用的国内市场相当大，我们将持续开拓。当国际政治经济环境好转的时候，我们有朝一日也会再行出海。

责任编辑/沈意　本文图片为资料图片

LECTURE | 演讲

陈春花：
企业可持续发展与传承

□陈春花/文

【编者按】 在福州举行的第三届全国青年企业家峰会上，北京大学国家发展研究院BiMBA商学院院长陈春花教授，围绕"企业可持续发展的挑战与超越"作了主旨报告，以下为演讲实录。

大家好，我很高兴有机会能在这个时间跟大家做一些交流。其实对于企业的发展来讲，有一个最永恒的话题就是可持续性。可持续性会涉及到经营本身，涉及到组织、传承，涉及到跟环境之间的互动。

刚才黄教授已经从宏观视角跟大家做了介绍，我下面从微观的视角跟大家讨论怎么回答问题。

我先从两个非常长期跟踪的企业发展研究开始跟各位介绍。我自己有一个特别长的研究，从1992年开始，这个研究设定30年，所以很快到2022年就结束了。在这个研究当中，我们看一个优秀的企业维度有多少个，我们按照所有文献研究看，实际上有八个维度。

这八个维度中有一部分其实是面向环境、面向市场，但是也有很大一部分是面向组织本身，比如说你自己的能力、治理结构、领导层。这样八个维度其实引发了我从1992年开始做对中国领先企业的研究。对于中国领先企业的研究中，我是从1982年到1992年去筛选的，筛选好了以后，再从1992年开始正式展开研究，所以说研究会长达30年，每十年作为一个周期。

在长期演习中，当初的筛选企业非常多，最后筛选出5家企业，根据所有制、市场化程度，对2C、2B、上市、非上市来选，我们也同时对国外的参照公司做了比较，第一个十年1992～2002年。再看第二个十年，从2002到2012年第二个十年中就会发现变化很大。如果第一个十年还是从企业自己内在的力量跟随国家大的环境、顺应改革开放发展，到第二个十年所有的企业都开始面对全球化、WTO和国际市场。当走到这个时间的时候就会呈现曾经领先的公司被淘汰，新的公司成为新兴的企业脱颖而出。

我继续研究，现在研究还没有结束，到2022年才结束，到第三个十年的时候，我们就会发现环境的变化变得更加的巨大，而在巨大的环境中，我们会有中国企业开始进入全球领先的位置，领先的位置中就会遭遇到更巨大的挑战。而我们也会诞生出很多新兴的企业成为一线的新兴部分。

这是我过去30年做的非长线的研究，这个研究其实给我非常大的帮助，让我看一个企业持续存活到底有什么影响。

再看另外一个日本研究，日本研究中就是研究100年历史以上的公司，200年历史以上的公司，500年历史以上的公司，我们看了这个数据很震惊。你看100年以上的长寿公司，日本有25000多家，而且其中超过500年历史的公司有168家。排第二位是美国，有10000多家，第三位是德国，有7600多家，如果我们把这个时间再拉长，拉到200年以上的时候日本有接近4000家，德国有1800家，英国有467家。

我们关注的是为什么这些企业是长寿的。我们会发现这些企业能长寿的原因有六个要素，这六个要素中非常重要的，无论是长期的企业经营理念，还是亮丽经营持续增长的能力，或是自己自身优势，长期重视什么，重视保持与利益相关者的良好关系，更重要是确保自身的企业安全，同时让下一代传承下去强烈的意志。这些是我们看到的重要性。

当然一个很重要的支撑就是价值观，所以无论是从内在的角度看中国企业的成长30年，还是看日本长寿的企业，我们会发现共同意志、包容性、进取心是最重要的。所以我们来到福州，看到闽商不仅仅是爱拼能闯，很重要的是包容学习和慈善概念和共生的概念。所以我们在理解这个部分的时候就会发现这些非常大量的日本老企业的存在，会看到两个最重要的特点，百年老店最重要的特征是传统和地区嵌入的组织，更重要商人共同体形成的自我约束和规范寻求商业的社会正当性和社会的认可。

这样的研究给了我一个帮助，我们看企业的组织管理和企业的发展中，非常重要的是，你的基本假设和这个假设对他的影响，比如说这个疫情有一句话是一直在我脑海中不断反复呈现的，就是风会熄灭蜡烛，却能使火越烧越旺。这是我们理解外部环境中，怎么应对变化，你的价值观和你的判断都很重要。

所以我们讨论一个企业的时候会非常在意你自己的经营理论、你自己的基本判断和你的价值观，有一个非常重要的三个理论，一是组织首先要有对环境的假设能力，包括今天怎么看疫情、怎么看中美、怎么看双循环、怎么看内循环，这就是对环境的基本假设；二是自己要有对自己使命的假设，你自己的内部怎么判断；三是完成使命，你的能力假设到底是什么。

所以我们在讨论一家企业的时候，我们会发现评估标准有两个部分，一部分是从经营视角看你的业务、你跟顾客间的关系、你跟股东间的关系。还有一部分是看社会，你怎么承担这个社会的责任，对世界的贡献，帮助改善每个人和长期的发展。

无论我自己30年的研究，还是日本的长寿企业的研究，我们都很清楚地知道，我们必须有一个长期主义的基本假设，这种假设就回答了你跟环境是一个共生的关系，你认识世界的方法必须是一个万物一体和万物生长的整体概念，同时组织使命是向善的，而这恰恰是获得能量的来源。

我们在这个基础上就会发现所有的优秀企业最

重要的特征就是超越变革是必经之路。其中有几个关键的特点：一个是为什么要超越变革，已有的能力决定了局限性，这是在创新创业中最重要的教授克里斯坦森研究企业用的方法，一个企业最重要的能力有三部分构成：一是能力、技术、设备能力；二是流程，能够把这些资源整合起来，最后产生出产品。三是你的价值观系统，做什么，不做什么。这是对重要的部分形成企业能力框架，而这个能力框架中，如果这些东西都是确定的，它也决定了你的基本局限性。

所以我们回过看历史，为什么一定要强调超越，如果按原有的观点理解局限性就会呈现出来。诺基亚看到苹果出来一个新的产品出现的时候，是用原有的框架能力去看就不认为是一个能颠覆行业的产品，当我们讨论一个企业的时候，首先要讨论原有的能力框架是什么，我们希望看到企业家能力和能力本身的变化。

第一，是企业自我生长的内涵。就是持续的自我转型和自我更新。我们做长期的研究中可以得到很清晰的结论，优秀的企业有三个很重要的共性特征，一个是有足够的增长应对变化。一个是用持续的转型变革获取自己的增长。一个是遵从市场规律和客观发展规律。可能不同的企业有不同的做法，但是共性的特征中这三个是非常一致的。所以我们在讨论一个企业为什么可以持续面对这些变化。

最近也是讨论华为比较多，30年周期的案例中，五个企业中其中有华为，接近30年的研究过程中，华为也刚好有30多年的历史，你会发现这家企业能走到今天很重要的就是能不断地自我寻求能力，一个是外部的冲击，还有一部分是自己内部形成这样的推动力量。正是因为一次又一次的自我超越使得它走到今天能够面对巨大的挑战。

第二，我们看超越变革的时候，除了所做到的部分，很重要的就是组织最大的资产就是改变，改变最大的难题就是领域领导人本身，我们自己超越自己过往的经验，怎么样能够改变自己原有的一些思维模式，其实这是非常关键的，所以我们在这个地方会看到中国非常多的企业有能力不断地超越成长，这是我自己很幸运的共同工作过的公司。

我们在理解新希望的"新"，我实际上认为这恰恰是新希望这个组织具有非常大的核心特征，这个特征就是能够与时俱进，能够理解它的使命，跟着市场，跟着整个社会，跟着整个国家能够很好地结合起来，当时很重要的一个埋头拉车、抬头看路、仰头看天三结合的行动方略给我留下非常深刻的印象。

对于所有年轻企业家是有没有能力面向未来，如果要面向未来，我们就可以看到不是一个个人的行为，我们可以告诉各位，过去两个世纪以来，现代化给人带来非常的财富和寿命并不是源于个人的能力，而是源于人们在组织中的合作，也就是整个组织本身的可持续性。因此我会告诉各位，我们可能有四件事情在今天是要调整出来的：一个是战略认知的更新。这是过去三年基于数字化研究的结论。

数字化背景下看到的战略逻辑不再是竞争，一定必须是一个共生的逻辑，不是满足顾客的需求，而是创造顾客的需求，因此在战略空间上其实是有巨大的变化的。我们传统的战略空间会讨论三个问题，能做什么，想做什么，可做什么。我们是界定在产业内部的，你的初心、能力、资源。但是来到数字化的背景下，想做什么，必须要有能力赋予新的价值，不在于自己的资源和能力，而是跟谁连接和合作，可做什么，不是在于行业内部有没有能力跨界展开更多的空间，这是战略上第一个变化。

第二个变化是重构。组织价值的重构，是有非常大的空间可能性。以前我们会讨论内部的效率，今天是要建议组织跟外部之间，组织和组织之间的协同效率，我们称之为是系统效率。我们对新组织的要求，就是因你存在，有没有更多的生态出现，因你存在，有没有更多的企业繁华生长起来，这是非常关键的。所以我们把它称之为是共生型组织，就是看你是否愿意陪同更多的企业持续做发展。

第三个变化是领导力刷新。我们有没有能力让更多的年轻人，更多人愿意在一个共同的工作场所富有创意，更有成效，甚至更热爱你的工作。所以我是做组织研究，今天有一个很大的挑战又是年轻员工怎么愿意更加奋斗，更加愿意专注这个事业，这是非常大的挑战。

这对于领导者的角色是有变化的，你必须是一个布道者，能跟大家讲清楚在一个动乱信息过窄的环境中怎么是必须坚守的。这是非常关键的，要有能力设计，设计与梦想跟产品的关系，梦想跟组织的关系，一定是两个系统设计都要做的。另外一个是能不能成为伙伴，领导力刷新的部分，领先的企业都在持续做，阿里巴巴的刷新，大家也很清楚看到价值观的调整，腾讯的刷新在2019年也同步做展开。我们看到领导力刷新的时候就可以看到企业的可持续性是如何做推进的。

最后一个关键词叫回归。无论我们怎么样讨论这些变化，有一些东西是恒定不变的，就是你要回归到价值的创造，只有在价值创造中稳定的做创造这是恒定的，无论怎么样谈变，总有一些是不变的，这些不变的东西就是价值的创造，所以就是伙伴关系、生活意义和共生进步。

我们跟优秀的企业在一起有三件事情是很确定的，第一是人在生活中并不是一个消费者，其实是一个生活者。所以商业和企业、市场和人的关系应该是提供生活的解决方案，而不是提供交易产品的关系。生意这个词用中文解释会更好，叫生活意义，所有好的商业一定是好的生意，好的商业一定是让人的生活变得很有意义，这是非常明确的。第二是企业是社会的一部分，它不会独立于社会，一定是有多元责任，并不是只有商业责任，而是社会责任中非常重要的主体。第三是技术，是人类进步的合作者，更多的可能性，更大自由。如果从这个角度理解，我们回到价值本身，不确定中的确定就可以陪同我们持续的做增长。

最后用几句话跟各位的交流，第一句话是什么样的企业可以走向未来，从研究的角度回答你比较容易，我们认为融合生活驱动人类进步是下一个篇章。如果你的企业朝着这个方向做的，我们就认为你是可以走向未来。

第二句话，什么样的企业可以走向未来。一定是组织学习持续创新创造，学习者掌握未来。这种学习不仅仅是个人，必须是一个组织的学习，我们在看未来的组织，其实是看组织的学习力，今天是有很多个体学习能力非常强的，但是组织学习能力不够，真正持续创新创造是由组织学习来的。

第三句话，什么样的企业可以持续发展和传承。我自己是非常荣幸跟刘畅做了一段时间的搭档，这个过程中我一直要求自己做四件事，一代二代之间的传承最核心的就是这四件事，在新希望我也一直告诉自己要沿着这四件事做好。一个是核心价值观的传承，传承的核心就是价值观。有人说是财富，有人说是资产、机会和可能性，但真正是核心价值观。二是两代人的信任与欣赏。有些时候没有办法做到一代二代的传承，这不是家族的概念，而是两代人间是否真正的信任和欣赏。我常常看到很多新的接班人认为最需要调整的地方，总是认为上一代很多东西做得不好，我就反复告诉他你得先知道什么做得好。第三件事是整个团队打造与共生协同。它不是交给一个人，而是交给一个组织。四是专注于事业长期发展，这总共是四件事。

我用别人的一句话结束，往未来去看，为什么空间会变得更大，是因为真正的意义是在于生而为人的意义，更加开阔的理解，所以我很希望我们有机会更多的交流，也预祝大家对未来有更大的可能性。

责任编辑/沈意　本文图片为资料图片

不朽的记忆
——张建庭笔下的西湖历史建筑

□ 张建庭/图

【编者按】张建庭是WCCO国际联盟专家、浙江大学MBA专家导师、中国京杭大运河研究院高级研究员、杭州市历史文化名城保护专家委员会主任委员、西湖学研究会会长、G20杭州峰会艺术指导委员会主任。曾任杭州市人民政府副市长、杭州市人大常委会副主任。

生在西湖、长在西湖的张建庭，始终追寻着自己的"西湖梦"。他一直坚持创作自己所热爱的钢笔画，在业余时间，他用独特的黑白色调记录西湖，系统描绘天堂景色，为西湖山水立传。

著名艺术家韩美林曾高度评价张建庭的钢笔画，认为他的作品饱含了作者对西湖美景细致独特的观察和深深的眷恋，反映了作者执着不懈的艺术追求和收放自如的创作功力。他被誉为"西湖画匠"。

历史建筑是传统文化的重要组成部分，是时代的瑰宝，是一段历史的见证，是一座城市的不朽记忆。杭州历史建筑中，有100多处名人故居、旧居，大多位于西湖边、湖山间。

斯人已逝，留下的建筑却总能给人无限遐想。以下是张建庭笔下的西湖历史建筑选编，以飨读者。

■ 青白山居 ■

青白山居位于西湖孤山之巅，为中西合璧宫殿式花园别墅，原主人为国民党陆军中将、淞沪警备司令杨虎。

别墅于1937年建成，建筑方正对称，歇山式大屋顶，彩色琉璃瓦，斗拱飞椽，厚墙重基。墙体、围栏选用西式风格，外墙装有浮云式花饰。整座建筑高大坚固，俯视湖山，气势非凡。

别墅建成，杨虎以"月白风清"之意命名"青白山居"，但却一直没有入住，闲置到杭州解放。新中国成立后，青白山居一直由浙江省文化部门使用，后划归浙江图书馆作藏书和古籍修复使用，国宝《四库全书》就曾藏于此。

2019年，青白山居作为"浙江图书馆旧址"的组成部分，被公布为第八批全国重点文物保护单位。

■ 东山别墅 ■

东山别墅位于西湖北山街与曙光路交接处，是一幢青砖别墅，主人是著名爱国将领杨虎城将军。

别墅建于20世纪30年代中期，当时是以"杨光臣"的名义开建，实际上为化名，真正的户主是大名鼎鼎的杨虎城将军。东山别墅建成后，杨虎城一直未曾居住过。

别墅北依葛岭，南临西湖，因靠近东山弄，故得名东山别墅。别墅坐北朝南，二层五开间，砖木结构，灰色清水砖墙。阳台设矮墙，有铜钱形装饰图案。坡屋顶，盖机制平瓦。

如今，这座布满青苔的东山别墅，对纪念爱国将领杨虎城将军仍具有特殊的意义。

■ 涤尘湖舍 ■

涤尘湖舍位于湖滨一公园，美轮美奂的别墅为西班牙风格，奶黄色，院落占地1.8亩，建筑面积411平方米。中间为大花园，濒湖处原有一私家水埠码头。别墅建于20世纪30年代中，曾称余庄。

抗战时期，黄炎培的学生、新加坡著名华侨实业家向侠民购买了这幢别墅，全家居住于此，并将湖舍改名为蓬庐。1948年以后，向侠民继续在香港、台湾经营实业。新中国成立不久，涤尘湖舍租于政府，作为干部宿舍。后拆去围墙，修建配套，完善公共设施，作为西湖南线的新景点，向广大市民游客开放。

读图 PICTURE

■ 林风眠旧居 ■

林风眠旧居位于灵隐路3号，是现代中国著名画家、美术教育家林风眠亲自设计建造的一幢法式乡村别墅，被称为"艺术家的花园"。

林风眠早年曾去巴黎留学深造。1928年，受蔡元培之命在杭州创办国立艺术学院（现中国美术学院），是20世纪实现中西融合、具有革新开拓精神的艺术教育先驱。

旧居建于1934年，配有完整的庭院，主楼坐北朝南，平面呈不规则形状，为带地下室的两层青砖小楼，组合式坡屋顶，盖灰色洋瓦。建筑以南立面为主立面，东立面设门作为主入口。入口前置门廊，门廊用三根砖柱支撑，平面呈等腰梯形，西向设水泥台阶，门廊二层为露台，四周设矮墙。主入口入内为客厅，楼下作起居室及生活场所，楼上为画室。林风眠旧居建筑风格独特，体现了民国时期西湖私家别墅的建造风格。该建筑现为市级文物保护单位。

■ 杜月笙旧居 ■

杜月笙旧居位于西湖孤山后山路10号，建于20世纪20年代，原是广东杜氏所建，后转让于上海滩大佬杜月笙，一个中国近代史上神秘复杂的人物。杜月笙与黄金荣、张啸林并称"上海三大亨"。

1932年夏天，经上海《申报》主人史量才介绍，杜月笙相中了西泠桥畔、孤山脚下的这块风水宝地，买下并改建成了美轮美奂的杜庄，雅号"寂庵"。

寂庵坐南朝北，背靠孤山，面临西湖，厅室高敞，走廊宽大，中式屋顶，木质门窗，雕饰精细，风格较为独特。

1951年，杜月笙病逝。杜庄收归国有，曾作为干部宿舍，后又划拨给文化部门使用。现为中国印学博物馆，与西泠印社浑然一体，与湖光山色相容无间。

■ 澄庐 ■

澄庐（宋美龄旧居）位于湖滨公园，建于20世纪20年代，为清末官员、买办商人盛宣怀的第四子、中国第一家钢铁联合企业汉冶萍公司总经理盛恩颐的别墅，后来成为蒋介石来杭州时的行辕，现为省级文物保护单位。

1927年，蒋介石与宋美龄完婚，蜜月旅行的第一站就是西湖澄庐。1936年"西安事变"后，蒋介石曾住此地疗养；次年，他与中国共产党代表周恩来、潘汉年在此秘密会晤，初步达成第二次国共合作的共识。

澄庐临湖而筑，原有围墙、大门、花园，后拆去围墙、大门，开放成市民公园。澄庐主体为一幢三层多开间西式别墅，建筑坐西北朝东南，呈不规则平面，奶黄色外墙，屋顶中间置圆形玻璃阳光房，是西湖别墅中建筑精美、内涵丰富的姣姣者。

■ 怀庐 ■

怀庐位于西湖灵隐路18号。一处硕大的院子，院子里有一幢硕大的房子和几个小院子。院子建于20世纪20年代，主楼为一幢体量庞大的三层三开间四间进深的西式楼房，共有38个房间。房子设内门廊，大阳台，水磨石地坪，外墙为青石砌基，青砖实叠，厚重结实，好似一座城堡。而房子的主人一直是个西湖之谜，有的说是海上大亨的西湖别墅，有的说是军统的秘密据点，也有的说是外国传教士……

新中国成立后，这里曾经做过浙江行政学院、浙江省档案馆等用途，今天是浙江省文史研究馆的所在。怀庐现为杭州市历史建筑。画为灵隐路上怀庐的外立面。

■ 蒋经国旧居 ■

蒋经国旧居位于西湖石函路7号，抗战胜利后，该房产由杭州市市长周象贤拨给蒋经国一家居住。蒋经国携妻子蒋方良以及儿女定居于此，并安排其长子孝文、女儿孝章分别就读于杭州蕙兰中学和弘道女中。当时他虽然东奔西走，常年在外，但也时常抽暇由南京、上海回杭州小住，享天伦之乐。

旧居坐北朝南，依地势而建，平面呈不规则多边形。东、南两面临街的围墙用红褐色块石砌成，北面靠山则以天然崖壁作屏障。院内是东西两幢二层多开间砖木结构楼房；东楼为主楼，平面略呈方形，二层砖木结构，灰色清水砖外墙，砖块有"倪增茂"等字样，歇山顶屋面，覆小青瓦，居此楼可饱览西湖胜景。主楼西面有走廊与副楼相通，规模小于主楼，为侍卫、佣人等使用。蒋经国旧居现为浙江省级文物保护单位。

■ 三茅观 ■

三茅观（于谦读书处）位于清波街道中河南路吴山景区，三茅观原为三茅堂，宋室南渡，绍兴二十年（1150）宋高宗将北宋汴京（今河南开封）三茅宁寿观名赐给三茅堂，由此一跃而为南宋十大御前宫观之一。

三茅观占地广阔，建有宋徽宗、宋钦宗、宋高宗神御殿，地位隆崇，备受荣宠。然朝代更迭，原有道观损毁无存。明时辟一区建为学堂，于谦曾在此读书，相传《石灰吟》即作于此时。2008年恢复三茅观景区时，以考古发现建筑遗址为基础，以于谦读书处为名，修建了一座坐北朝南，砖木结构，悬山顶平房，南面设庭院，围筑半人高石砌矮墙。在此，八百里湖山知是何年图画，十万家烟火尽归此处楼台。

读图 PICTURE

■ 穗庐 ■

北山街乌石峰下有一鲍庄，建于20世纪20年代，是广东富商鲍柏麟的产业。鲍柏麟在穗、沪、杭经营多种产业，家底甚厚，这栋具有浓厚岭南风韵的别墅就座落于西湖鲍庄内，现为杭州市历史建筑。

穗庐（鲍柏麟别业）依山而建，顺势而上。庄院墙为青砖垒砌，前院入口设一座雕刻精美的砖雕门楼，上题"穗庐"匾额，落款为赵梅溪。前院主楼为两层四开间的西式别墅，坐西朝东，砖石结构，下设防潮层，水泥墙面，平屋顶。从门楼前山道继续而上，路边可见一方形石亭，歇山屋顶。再上山为一处平台，筑有重檐八角亭一座，主体构架采用混凝土，屋面、牛腿则为木质。台基上立八根圆柱，柱下为圆形柱顶石，柱间东南西北四个正面设台阶，其余四面置美人靠。柱头安装雀替、额枋、平板枋，上置斗。攒尖顶，覆筒瓦。

■ 林社 ■

林社（林启纪念馆）始建于光绪二十六年（1900年）。1900年林启病逝后，为纪念这位杭州知府、著名教育家，谕准以孤山民产四分之厘为社基。杭人邵章、陈敬第、何燮侯等为永志思念，倡议建林社设祭，初建时为砖木结构的中式平房。此后屡有修葺扩容，现为一座中西结合、飞檐翘角的两层三开间楼阁。小楼坐南朝北，占地面积206平方米，建筑面积约250平方米。现为杭州市文保点。

林社位于孤山放鹤亭东面，在建筑南侧的草坪上，竖立着林启青铜雕像。身着旧式长袍的老年林启面容慈祥，端坐于石凳上，右手轻靠在一旁的石桌边，闲适地遥望着远处的西湖水面，注视着他所热爱的杭州儿女。

■ 坚匏别墅 ■

坚匏别墅（陈布雷旧居）雅称小莲庄，又称小刘庄，中式庄园别墅，位于北山街32号，为清末民初南浔首富刘镛次子、南浔巨富刘锦藻在杭州建造的一处山地园林，取刘锦藻号"坚匏庵"之意而得名。建筑坐北朝南，依山傍湖，具有江南传统园林风格，东北临宝石山为八字墙的石库门，额"坚匏别墅"。现为杭州市文保点。

别墅曾有许多主人，其中重要的一位便是蒋介石的"文胆"——陈布雷先生。他自1929年7月起担任浙江省教育厅长至1934年2月间，先后在杭州任职多年，住过多处宅院，如贝庄、乐庐、小莲庄、新新饭店等，后来还是把家安在了坚匏别墅。其间，陈布雷常带家人去观赏湖光山色，还去北山街的西湖大礼堂观看电影。

■ 中山纪念亭 ■

中山纪念亭位于孤山北路3号孤山公园内，建于1927年，为纪念辛亥革命领袖孙中山而命名。亭址位于孤山，南宋理宗皇帝和清帝康熙都在此营建行宫、御制花园。

中山纪念亭为圆形重檐，造型采用西方文艺复兴时期的建筑风格，在西湖建筑中别具一格。

1929年3月12日，民国杭州市政府各机关在纪念亭周围种植营造中山纪念林。此地碧水环绕、花木繁盛、空气清新、风景优美。周边人文遗迹丰富，有林和靖、欧阳修、苏东坡、俞樾、苏曼珠、秋瑾、林风眠、潘天寿等名人遗踪。

责任编辑/沈丽萍

第三届
西湖国际摄影大展佳作欣赏

□杭商传媒记者 米 鹿/文

【编者按】由杭州市文化广电旅游局、浙江省摄影家协会、PSA China主办，杭州市摄影家协会、杭州市旅游协会、PSA China杭州工作站承办，中国网、《摄影世界》杂志社、《人民摄影》报社、中新社浙江分社、中国摄影网、尚图坊、杭商传媒、新蓝网、杭州市拱墅区文化馆协办的第三届中国浙江（西湖）国际摄影大展，评审工作圆满结束。

本次大展面向全球摄影人征集作品，是浙江省首届文化艺术发展基金资助项目之一，并获得美国摄影学会（PSA），世界摄影师联盟（GPU）和寰宇摄影家联盟（AUP）认证，除"西湖"主题组外，其他所获成绩皆计入名衔积分。

在海外疫情不断蔓延的情况下，大型文艺活动的开展举步维艰，但在组委会和各有关单位共同努力下，大展依然受到了世界各地摄影界的广泛关注，投稿热情空前高涨。共收到全球36个国家和地区以及全国28个省市、自治区836位摄影人，共计10286幅参赛作品。

目前，大赛评选工作已经圆满完成。此次大赛通过技术系统进行评审，在评审过程中，每位评委只能看到照片，不能看到其他任何信息。可以确保每位参赛者的参赛作品都能够在一个国际性、开放性、公平、公正的平台上，得到专家评委在统一空间和统一时间中审视和认定，有效践行了大赛公平、公正的原则。经过9位国际评委认真、严谨的评选，最终由全球各地的170位参赛者分享了共217个奖项。

经大赛组委会授权，杭商传媒发布部分获奖作品，以飨读者。

▲ PSA金奖 《红缎带》 袁彬（China）

01 一般彩色组金银铜获奖作品

▲ GPU金奖 《晨雪》 朱饶平（China）

读图 PICTURE

▲ AUP金奖 《面具》　吴振东（China）

01 一般彩色组金银铜获奖作品

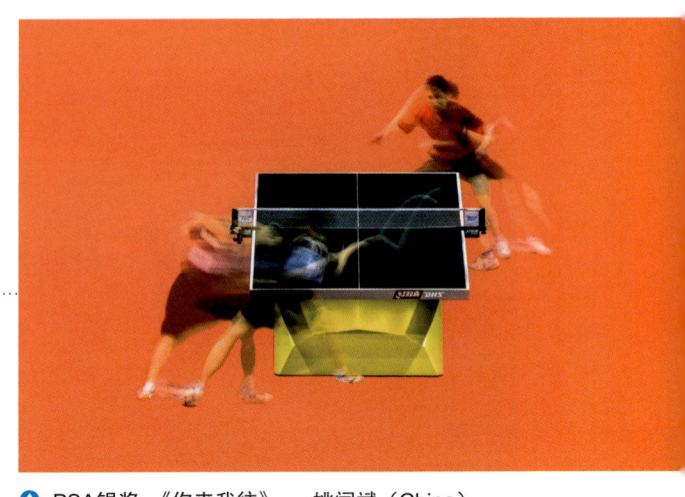

▲ PSA银奖 《你来我往》　姚闻斌（China）

GPU银奖 《Supernatural Space》 孙弋（China）

AUP银奖 《Sitting Pretty》 CYRIL BOYD（Northern Ireland）

GPU铜奖 《春临徽居》 边少卿（China）

PSA铜奖 《Catch a Horse》 彭维平（Australia）

AUP铜奖 《Kamui》 王万坤（Taiwan China）

读图 PICTURE

▲ PSA金奖 《Rodeo 30 BWGo》　Ling YongXiong（Australia）

▲ AUP金奖 《舞者》　林文强（China）

02 一般黑白组金银铜获奖作品

▲ GPU金奖 《The Old Man》 SHIBASISH SAHA（India）

▲ PSA银奖 《玻器》 何异能（China）

读图 PICTURE

▲ GPU银奖　《Spirit of the Snowfield》　杨胜华（China）

⌃ AUP银奖 《Bandana Musher》　LIVINUS BLEYEN（Belgium）

02 一般黑白组金银铜获奖作品

⌃ AUP铜奖 《马上英雄》　梅英（China）

⌃ PSA铜奖 《Garbey》　PEDRO LUIS AJURIAGUERRA SAIZ（Spain）

⌃ GPU铜奖 《Harmony》　顾光辉（China）

读图 PICTURE

▲ PSA金奖《猎杀》　刘毅（China）

03 自然组金银铜获奖作品

▲ AUP金奖 《霸主之战》　伯雪冬（China）

▲ GPU金奖 《Wrestling》 余宁台（China）

▲ PSA银奖 《Points of Interest》 XIAOYING SHI（USA）

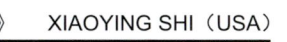

▲ AUP银奖 《Anger》 焦生福（China）

读图 PICTURE

▲ GPU银奖 《瀑雨如注》　张项理（China）

▲ PSA铜奖 《追捕三文鱼》　张蓉芝（China）

03 自然组金银铜获奖作品

GPU铜奖 《跟随》 李晶（China）

AUP铜奖 《晨鸣》 孙承波（China）

读图 PICTURE

▲ PSA金奖 《祈福》 周惊飚（China）

▲ GPU金奖 《千钧》 卢泰斌（China）

▲ AUP金奖 《Little Helper》 刘朝宽（China）

04
旅游组金银铜获奖作品

▲ PSA银奖 《洒红狂欢》 盛仁昌（China）

读图 PICTURE

GPU银奖 《Playmates》 顾光辉（China）

AUP银奖《Like in Tales》 ISTVAN KEREKES（Hungary）

04 旅游组金银铜获奖作品

GPU铜奖 《Game 43》　Ling YongXiong（Australia）

PSA铜奖 《筑梦》　梁辉（China）

AUP铜奖 《巴德岗新年狂欢》　李红辉（China）

05 西湖组金银铜获奖作品

△ 《春夏秋冬》　潘鼎荣（China）

△ 《杭城夜景》　王大中（China）

▲ 《西子湖畔中国风》　王慧珏（China）

▲ 《仙境》　陈力子（China）

读图 PICTURE

05 西湖组金银铜获奖作品

▲《Bagua Garden》 顾光辉（China）

▲《人间天堂》 张建源（China）

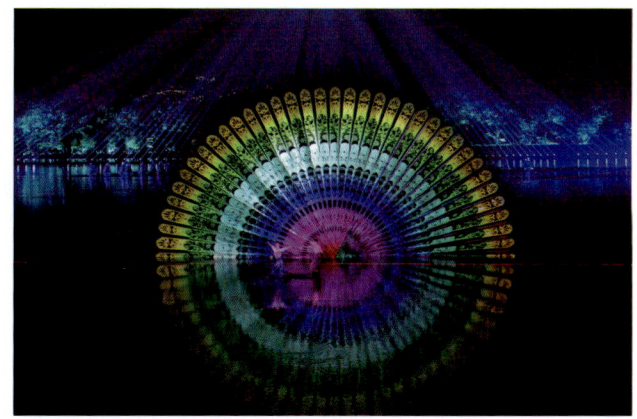

▲ 《最忆是杭州》 盛仁昌（China）

▲ 《醉西湖》 毛志良（China）

▲ 《节日之夜》 翁荣儿（China）

责任编辑/沈丽萍

壮 志

Wufu Steel Pipe

　　公司成立于1993年，专业从事建筑钢结构用钢管、电力输送工程用钢管、水煤气管道工程用钢管、机械工程用结构钢管和市政工程用钢管的制造，是集生产、经营、贸易、服务和技术开发于一体的专业性公司。注册资金3980万元，拥有固定资产1.6亿元，占地面积8.5万平方米。

　　公司生产设备较为先进，检测手段齐全，拥有多条自动化程度较高的高频焊管生产线和埋弧焊管生产线。生产的钢管主要应用于大跨度网架工程、建筑钢结构工程（火车站、机场、体育场馆钢结构工程）、电力及超高压输配电工程、机械工程、跨海大桥、桥梁、市政管网、基础打桩、水煤气管道和公路建设等配套设施。在国家、省、市的多项重点工程及国际钢结构工程中，留下了公司产品坚实的足迹，特别是近几年的主要跨海大桥、桥梁都使用了公司的产品，如厦门演武跨海大桥、杭州江东大桥和九堡大桥等。

　　公司系中国质量、服务、信誉AAA级企业，"五福"为中国驰名商标。

凌　云

浙江杭重科技有限公司

◎ 地址：杭州市萧山区桥南开发区鸿兴路268号
◎ 电话：0571-22866902　◎ 传真：0571-22866900　◎ 邮编：311231
◎ Http：//wufusteel.goouoo.com

NEW CENTURYPIPE FITTINGS

TEL: 0571 8251 2890

开元管件

40余年致力于开发和生产各种管件、阀门及便捷管道配件
率先通过ISO9001:2000质量体系认证
产品销往上海、北京、青岛及省内各地自来水公司

管 通 千 万 家，

地址：杭州市萧山区瓜沥镇坎山伞店弄南　　邮编：311241　　电话：0571-82512890

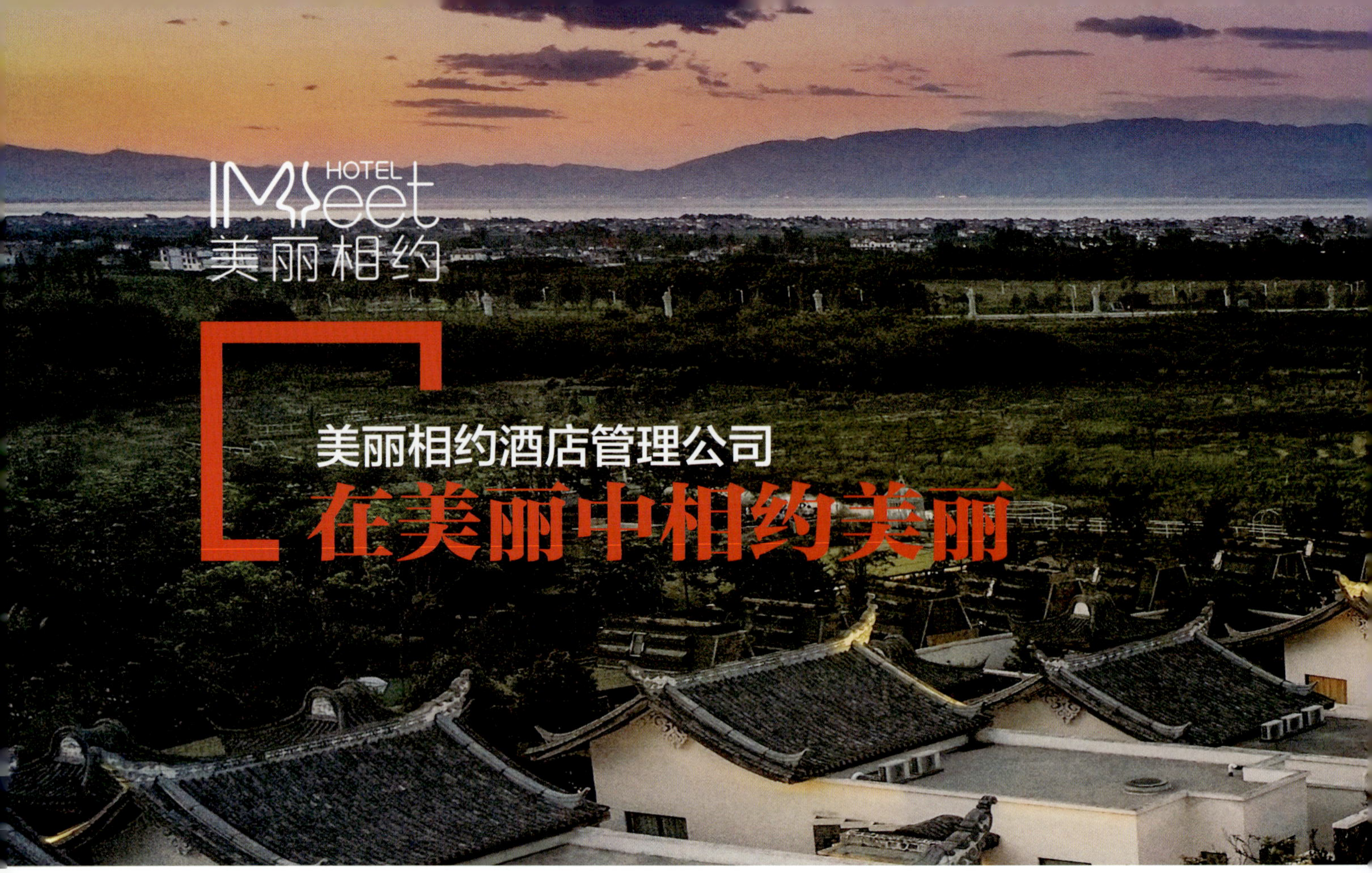
HOTEL
IMeet
美丽相约
美丽相约酒店管理公司
在美丽中相约美丽

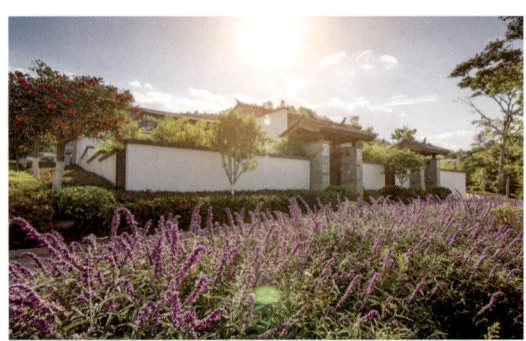

美丽相约 · 大理花园别墅酒店

酒店位于苍山国家地质公园，背靠苍山，面朝洱海，兼具白族建筑风情与现代别墅的舒适。自然环境静谧优雅，是休闲度假养心的绝佳选择。每套小别墅都面朝洱海，有前后私密庭院和山景海景双露台，可以任性地观山观海观云，品酒品茶品书。酒店有6种不同别墅，设计紧凑、精巧、充分利用灵动空间，功能齐全。

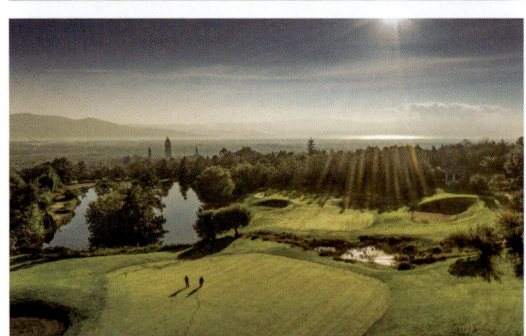

美丽相约 · 大理苍海高尔夫酒店

酒店位于苍海高尔夫度假村，毗邻佛教圣地崇圣寺三塔，背靠苍山，俯瞰洱海，置身于千亩高尔夫绿茵场中，让客人无时无刻都能亲近大自然。配有500平米360度观景露台和1500平米豪华观景休息大厅，可观赏洱海日出和高尔夫球场，看书饮茶并俯瞰大理万亩田园风光和崇圣寺三塔全貌。

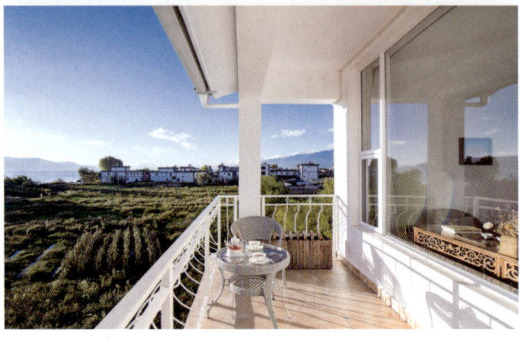

美丽相约 · 大理唯德庄园海景田园酒店

酒店位于大理环海西路向阳溪村，深藏于田野之中，与自然无限亲近。清晨而起，推开窗户，清新的空气扑面而来，沁人心脾。在如此幽静的海边田园度假，适合栖息心灵，放慢生活节奏。共有9间客房，每个房间都有着整墙的大玻璃窗，可享受美丽的洱海和迷人的田园风光。

荣获"中国最佳新锐酒店品牌"
荣获"中国最佳服务设计酒店"
入选"中国精选型级店金爵榜"
诞生于优美浪漫的大理
目标客户群为国内外的高净值人群
非常注重服务细节
竭力打造极致的客户体验
旗下所有酒店提供"一房一车一管家"服务

预订热线：4009982015

美丽相约 · 大理高尔夫私人定制酒店

酒店位于苍山应乐峰下，毗邻崇圣寺三塔，背靠苍海高尔夫球场，环境静谧清幽又不乏游玩乐趣。客房设计颇具现代感，空间宽敞，配套设施齐全。独栋别墅自带超大庭院和多个室外活动空间。门前水池锦鲤成双成对，三楼茶室拥有半环形巨大落地玻璃窗，可近观苍山，远观洱海。顶楼为室内活动区域，有着丰富的儿童玩具及儿童读物。

美丽相约 · 大理私密家园度假别墅

度假别墅位于大理苍山脚下，崇圣寺三塔之畔，古城之邻，回首即是巍巍苍山和绿草茵茵的高尔夫球场，远望便是烟波浩渺的洱海。整体风格亲切雅致，设施一应俱全，AI曲面液晶电视、胶囊咖啡机、冰箱及各种啤酒软饮料的提供，让人像回家一般随意轻松，并且配有开放式的中西式厨房和浪漫的水下餐厅，璀璨夺目的水晶灯和高配的私人影院让人信步流连。

美丽相约 · 大理梦蝶庄酒店

酒店位于大理古城北门，可瞭望苍山，俯视洱海，是大理古城一处修身养性的世外桃源。"梦蝶庄"三字由南怀瑾先生亲笔所题。酒店苍山园由9栋花园联排别墅和公共区域组成，公共区域内大堂、餐厅、会议室、宴会厅、画廊等设施一应俱全；洱海园有17栋独栋别墅，可独享安静私密的旅行生活。

源于传承,归于川页
随风来西天南地北,心有灵犀一点通
山长水阔万里风光,锦绵若夯迤逦不绝
江山如画淡月朦明,瑶台有路语也依依
酒筵语席盈盈笑脸,一曲新词酒一杯
君子美美与共顾盼生辉 自在悠悠然

川页の家

日本料理

萧山川页の家日本料理

预约电话：**0571-82899777　82706555**

地址：杭州市萧山区博学路777号

人生就像一场旅行，不必在乎目的地，在乎的只是沿途的风景以及看风景的心情，让心灵去旅行，去体验精彩的人生。

杭州康宇旅行社有限公司　｜　◎地址：杭州大江东产业集聚区河庄街道御东湾4幢505室　◎电话：0571-82692000

格陵兰：消逝的梦

□杭商传媒特约摄影　罗晓韵/图文

也许将来北极将不再有冰川冻土，不再有极地猎人
那么我的北极迷梦也终将消逝

[作者简介]

罗晓韵，知名环球旅行家，国家一级摄影师，极地摄影师。出版有画册《360度无死角绝美自拍法》《我喜欢的风景是寂静的》《花色美图》《冰岛迷梦》等，其中画册《冰岛迷梦》被冰岛总统Ólafur Ragnar Grímsson在总统府推荐。

一进北极圈，极寒就刺激着我的每个细胞，头脑异常清醒、兴奋。格陵兰岛约3/4的地区都在北极圈内，全年平均气温在0℃以下，最冷的中部内陆地区，最低气温可达零下70℃。冰雪的纯净让人抛弃世间杂念，极端的环境让人处于生死之间。在这里生存下来的生物，都是勇者。

在格陵兰的不同季节里，我以不同方式去到各个地方，就像是进入了一部现代化进程的纪录片，惊讶于世界最角落正发生着的剧烈变化。

当我第一次来到这个世界上最大的岛屿——格陵兰岛时，我的心便完全被迷住了，原来这个世界上还有这样纯洁至美的地方。伊卢利萨特（Ilulissat）是一个在格陵兰相对开放且渔业发达的小镇，在那里我见到了蓝色的冰川和冰雪上彩色的房子。这里的因纽特人有着和我相似的亚洲面孔，一切都是那么不可思议，陌生又熟悉。

当我无意间指着一排排新修的楼房感叹真现代化的时候，我身旁的丹麦和因纽特混血男孩却说："这是给从远方村落移居来的人居住的，他们来到这里似乎并没有那么快乐，这样的房子对于从大自然中来的人来说，有点像牢笼，他们总说自己的心留在了那将要消逝的地方。"

听他平静地说出这些话，我心里产生了困惑：如果心不在了，那物质世界看似的满足又有什么意义？这远方的远方会是什么样子？他也没去到。

从远方而来的人们，他们的心留在哪里了？于是我决定开始去寻找。

第二年的夏季，我登上了一艘百年帆船，开始了格陵兰东南部的航海。帆船小心翼翼地穿梭在浮冰之间，我克服了海上巨浪带来的眩晕，在太阳不落下的夜晚，看到了夏日的极光在头顶盘旋，鲸鱼群在船边有节奏地喷水。这些极地的奇迹，显得人类异常渺小。深入神奇的自然之中，人会非常敏感地打开触角，感受细小的变化，努力与自然共生。

因为全球变暖导致冰川融化，我们的船驶进了从未有人到过的新航道，有机会去到一些偏远的村落。在那里，我们眼看着冰川崩落，北极动物越来越少，猎人也无猎可打，因为冰层变薄而落入冰窟的伤亡事件越来越多，十分危险。人们已经无法像以往那样信任他们脚下的土地，逐渐迁往城市，寻求心中生存的希望。我渐渐有些明白，为什么在伊卢利萨特的那一排排房子被形容成"牢笼"。他们的心还留在这逐渐消逝的冰川雪原中。

一个寒冷的冬季，我到了格陵兰的首都努克（Nuuk）。我每天坐着公交车在这座城市环绕，一个站一个站地感受这个最大最现代化的城市。

我发现这个城市是那么忧郁，居然还有着专门为那些想自杀的人开通的心理辅导热线。那些曾经勇猛抓捕鲸鱼和北极熊的传奇猎人，在现代社会却很难找到席位，他们之中，有的在学习新的现代技术，而更多的人却无所适从。

在这里，90%的人都有酗酒的习惯。冬季漫长，夏日无眠，大多数时候，人们生活在漫长且严寒的冬季，容易患上抑郁症；到了夏季，过于明亮的直射阳光，则会让很多人患上季节性情感障碍。现代生活与物质发展的背后，却有着更大的社会问题：高自杀率，来自现代文明与传统文化的冲击。几千年来生长在这里的因纽特人，将面临最大的转折。岛上的很多事物正在改变，速度之快，让这个世界上人口最稀少的国家的居民的心，似乎无处安放，找不到出口。

　　我在那里待了一段时间，与因纽特人同吃同住，这种经历使我逐渐了解到格陵兰这个地方看似美丽，但背后却暗流涌动。这和我梦见的不一样，我带着幻想和憧憬去了格陵兰，可真相却有点残酷，这种落差使我受到了冲击。

　　我在努克的室友是一个从北部来的女孩，她想在努克找一份工作，我试着用很简单的语言及动作和她聊天。她告诉我，虽然北部很冷很残酷，但她很怀念那里传统的生活，她的家乡现在也正在消逝，由于人们都离开了，那个城镇即将被取消。她还告诉我，北部有一个地方叫心形山，据说去过那里的人，心就会留在那里。她自己的心，也留在了那里。那里有格陵兰本该有的样子。而此时，我的心也好像随着她的诉说，去到了遥远的北部。

　　又一年的冬季，我终于去到了北部女孩所说的城市乌玛纳克（Uummannaq）。因为极端的气候，我乘坐的航班遇到很多意外情况，辗转多次才到达。"乌玛纳克"在格陵兰语中就是"心"的意思，这里真有一座心形的山深深地插入雪原。虽然环境比以前更危险，但这里仍然还有很多猎人在捕猎，美丽的冰原就在城镇旁边。

我在那里和猎人做了朋友，我们在夜空下乘坐狗拉雪橇，在雪原追逐极光，虽然冷得身体快没有知觉，但那是我毕生难忘的梦。我还在这里偶然发现以前在电影里看过的"儿童之家"，这里收留着那些因为父母酗酒、自杀而无法被照顾的小孩。在这里，孩子们的灵魂得到了收容，很多孩子被培养得多才多艺。小伙子们和猎人学习雪原捕猎，还会拉小提琴，男孩女孩们组成了合唱团，还会去世界各地巡回表演因纽特的音乐。虽然这里的孩子们有着受伤的心灵，但他们在这世界的角落被尽力温暖着。

我在乌玛纳克有一种很强的归属感，这里的每一个人都有着与自然生死相交的故事。也有岛外的人来到这里，想在格陵兰学习当一名因纽特猎人，但因为文化传统和身体素质的差异，他们在这里很难生存。因纽特猎人自己有一套与自然共生的法则。

我来到了心形山，山上有很多没有主人的心，它们美好、纯净、勇敢、悲伤、恐惧，这些心愿意留在这个目前依然和谐的地方。我在山脚下也发现了自己的心，而它无法释怀，不愿跟我离开，我的心在这最后的日子，做着即将消逝的梦。

人类坚强又渺小，自然脆弱又伟大。我想，人类只有去保护和尊重自然，才会有继续共生下去的机会。

责任编辑/沈意

杭州湾会客厅
HANGZHOU BAY LOUNGE

■杭州电视台新闻主播张宛诗

■浙江省发展和改革委员会副主任谢晓波

■德意控股集团董事长、总裁高德康

■杰牌控股集团董事长、总裁陈德木

■永盛集团总裁李健浩

■特邀评论员原副主任郭占恒

双循环，挑战和机遇

□杭商传媒记者 李 洁 蔡 仪/文 楼晋瑜 周乐蒙/摄

在国际环境发生剧变的条件下，中央明确提出要以构建国内大循环为主体，国内国际双循环相互促进的新发展格局，以更好地保障中国经济安全，拓展经济发展空间。面对这一局面，杭商如何化危为机，积极应对？

作为中共杭州市委、杭州市人民政府主办的第四届世界杭商大会的分论坛之一，杭州湾会客厅特别节目（第24期）——《双循环，挑战和机遇》在位于湘湖国家旅游度假区的杭商传媒演播厅录制。中央电视台央视网、杭州电视台杭州之家同步直播，杭州电视台生活频道录播。

杭州电视台新闻主播张宛诗与浙江省发展和改革委员会副主任谢晓波，德意控股集团董事长、总裁高德康，杰牌控股集团董事长、总裁陈德木，永盛集团总裁李健浩围绕"双循环，挑战和机遇"这一主题展开探讨，浙江省委政研室原正厅级副主任郭占恒作为特邀评论员进行专业点评。

杭州市政协办公厅主任郭初民，民建浙江省委副主委、杭州市委主委郭清晔，杭州市工商联党组成员、巡视员、副会长毛福俊，杭州市商务局副局长朱铮，杭州市萧山区靖江街道党工委书记王靖江，杭州市萧山区靖江街道办事处主任谈智君，杭商传媒集团社长兼总编辑马晓才等领导和嘉宾莅临活动现场。

分享开始前，杭州市政协办公厅主任郭初民表达了对《杭州湾会客厅》的期待。他希望《杭州湾会客厅》为杭商铺路搭桥，做好杭商品牌的培育、宣传、推广工作，搭建平台，成为思想碰撞的阵地。

"双循环"，专家如何解析？

如何理解"双循环"是现场讨论的第一个话题。

谢晓波提出了5个关键词。第一是"加快"，要有紧迫感，才能加快形成双循环格局；第二是"国内大循环"，国内大循环必须立足国内大市场，而非一个省、一个地区的小循环；第三是"主体"，要以国内大循环为主体；第四是"双循环"，要发挥国内超大市场的优势，吸引国际要素资源，充分利用好两种资源、两个市场；第五是"相互促进"，国内大市场和国内大循环运行得越好，对国际上的要素资源吸引力就越强，二者相互促进、相辅相成。

郭占恒认为，改革开放40余年，我国成功实现了从工业化初期到工业化后期的历史性跨越，产业结构优化调整，城市化进程加快，以数字化和智能化为特征的新一轮科技革命扑面而来。此外，当今世界正面临着百年未有之大变局，国际环境不确定性陡增；疫情的全球大流行带来的影响不容忽视。他认为，推动"双循环"，离不开三大关键词。第一是循环，各个生产要素都要积极循环起来。第二是开放，循环的过程也是开放的过程。第三是改革，通过改革打通循环过程中的难点、堵点。

萧山靖江的"双循环"样本

面对双循环的机遇与挑战，杭商拥抱变化，走在前列。

陈德木表示，为实现产业优化升级，杰牌传动启动了杰牌智能传动项目，建设杰牌智能工厂，生产具有自主知识产权的智能产品，为用户提供智能服务、智能体验。2020年疫情期间，杰牌传动的产值逆势上扬，实现了两位数的增长。目前，杰牌传动拥有7个国家认证的专业研发实验室，致力于为全球客户提供优质服务。掌握关键性的核心技术，对于中国成为"制造强国"尤为重要。

  高德康表示,德意的智能化程度已经达到了工业4.0标准。之前,德意车间有1200余名一线工人,智能工厂建成后,产能翻倍,而员工人数缩减到180人;高标准的智能化生产下,产品不良率几乎为0,有效降低了生产成本。

  值得一提的是,最近热映的电影《夺冠》,最大的赞助商就是德意。德意于2019年签约中国女排成为其指定官方供应商,2020年成为《夺冠》在厨电行业内唯一合作伙伴。高德康说,德意与中国女排的合作极大地提升了德意品牌的知名度和影响力,随着德意电器的全球畅销,为"女排精神"走出国门,走向世界起到了助推作用。

  李健浩表示,通过全球布局,永盛集团已经实现了生产全球化、订单全球化、人才全球化,市场遍及50多个国家和地区。未来,永盛将继续优化供应链,在国内外跨境电商领域不断探索。创新走在前面,永盛早在2004年就开展了3D打印业务,契合当下消费市场的个性化需求。例如,通过3D打印技术扫描用户脚型,永盛可以生产出个性化鞋垫,满足消费者需求。

  节目现场的三位企业家都来自杭州市萧山区靖江街道,街道党工委书记王靖江表示,作为"临空经济示范区"的核心区和主战场,靖江街道一直通过招商引资、人才培育、产业升级等方式寻求更高质量发展。主要体现在如下三个方面。第一,紧紧围绕发展的时与势,依托重大项目建设,将靖江区位优势、产业优势、人才优势、人文优势协同推进;第二,紧紧把握发展的危和机,在数字赋能、技术改造等方面有所作为;第三,紧紧注重发展的谋和略,以主人翁的姿态参与到发展中,将靖江打造成创新、创业高地。

  作为一个开放、包容的城市,杭州市积极吸引人才,留住人才,让经济发展不断迸发新的活力。申通快递落户靖江,网红快递小哥李庆恒也来到了现场。2020年,因为专业技能上的突出表现,李庆恒被评为杭州市D级人才,7月已在靖江落户。他说,今后会更踏实地工作,把根扎在靖江。

新形势下,构建杭州经济新优势

  从更大的维度看,浙江孕育了一大批敢为天下先的企业家,发展"双循环"经济优势明显。

  谢晓波认为,浙江省的经济优势还有很多。第一,是消费市场优势,城乡居民收入较高,老百姓普遍比较富裕;第二,浙江省的制造业产业体系比较完善,产业链比较完整;第三,浙江省的新金融服务体系走在全国前列,移动支付十分便捷;第四,政府的数字化转型成效明显,浙江的营商环境在全国居于领先地位。

  杭州市商务局副局长朱铮表示,对企业而言,国内循环无疑是大机遇,国际循环则是大挑战。面对"双循环",杭州有四点举措。第一,打通国际、国内双循环通道,促进出口转内销;第二,支持企业发展,启动"杭信贷"融资业务,通过全国首创的政策性融资模式,推动杭州外贸增活力、渡难关、提质量;第三,保住海外市场。受疫情影响,杭州

■部分嘉宾合影留念

举办线上国际展销会，恢复企业外贸生意；第四，支持企业高品质发展，研究出台促进企业品牌高质量发展的系列政策。

"双循环"中，如何激发国内市场的消费潜力？郭占恒认为，关键要提高劳动人民的收入水平，为老百姓提供就业岗位。要创造一个宽松、公平、诚信、舒心的消费市场，价格公道，讲究诚信。

向外探索世界，向内找寻自我。构建双循环新发展格局，努力打造"动脉"强劲、"血液"舒畅、"肌体"健康的循环系统，杭州高质量发展，未来可期。

《杭州湾会客厅》既是电视节目，又是政界、学界、媒体界、企业界四界联动、学习交流、资源整合的平台。由杭州文广集团、杭州市工商联、杭商传媒主办，杭州生活频道、《杭商》杂志编辑部承办，杭州市萧山区靖江街道党工委、办事处特别承办，湘湖金融小镇、跨湖楼餐饮集团特别协办，开元旅业集团、达利国际集团、娃哈哈集团、西子控股集团、华立集团、浙商创投、明视康眼科医院、和康医疗集团、西纳维思、喜马拉雅、中广股份、盈盛集团、港流科技、元弘投资、乾球环境、华醒少年、域农科技协办。

责任编辑/沈意

■ 杭州电视台新闻主播张宛诗

■ 中国非公立医疗机构协会常务副会长兼秘书长郝德明

■ 通策控股集团董事局主席吕建明

构建健康中国新生态，非公办医在路上

□杭商传媒记者　王柔仪/文　楼晋琦　周　柠/摄

丰富先进的医疗资源和日趋完善的医疗保障体系，让如今的中国人在拥有厚实安全感的同时，对医疗服务的要求变得更高。在这样的背景下，提供多层次、多样化医疗服务的非公办医应运而生。被誉为民营经济沃土的杭州，一直走在非公办医领先之路上，要满足百姓对医疗设备、医务人才和就医环境的新期待，杭州的非公办医先行者和开创者，应该如何引领行业？

第25季杭州湾会客厅节目，以《构建健康中国新生态，非公办医在路上》为主题，在位于湘湖国家旅游度假区的杭商传媒演播厅录制。中央电视台央视网、杭州电视台杭州之家同步直播，杭州电视台生活频道实况转播。

杭州电视台新闻主播张宛诗与中国非公立医疗机构协会常务副会长兼秘书长郝德明、通

■ 和康医疗集团董事长钱培鑫

■ 浙江省卫健委原一级巡视员、中国医院协会副会长、浙江省医院协会会长马伟杭作为特邀评论员进行专业点评。

策控股集团董事局主席吕建明、和康医疗集团董事长钱培鑫一同展开探讨，浙江省卫健委原一级巡视员、中国医院协会副会长、浙江省医院协会会长马伟杭作为特邀评论员进行专业点评。

第二军医大学附属长征医院原副政委、大校李松，上海市口腔医院原党委书记袁学锋，杭商传媒社长兼总编辑马晓才，浙二医院原副院长、浙商创投执行总裁游向东，解放军军事科学院原上校闫雪，国家传染病重点实验室副主任梁伟峰，盈盛集团董事长邓建林，牙谷医院集团董事长田力宁等领导和嘉宾莅临活动现场。

浅谈社会办医

节目就社会办医的发展历程打开话题。

郝德明表示，随着医疗改革的深化，社会办医也在发生变化。早期的社会办医主要由个体户医生提供服务，2009年后，国家将发展社会办医作为一项基本政策，社会办医被称为非公立医疗机构，与政府财政投入举办的公立医疗机构相对应。2016年，国务院发布《关于促进社会办医加快发展的若干政策措施》，提出拓宽投融资渠道，因此才叫社会办医。"社会办医也具有公益性，服务的功能和定位也非常多样。"

马伟杭表示，社会办医是我国医疗卫生服务体系不可或缺的重要组成部分。"医疗服务的需求是多层次的。政府举办的医疗卫生机构重点是解决基本的问题，而满足多层次的医疗服务需求，需要有一个不同类别的、不同资金来源的、多元化的办医结构来支撑。"

从20世纪70年代末到如今，中国的社会办医发展脚步已经走过了50多年，涌现了许多成功的企业和开拓者。数据显示，2020年上半年公立医院11903家，占比34.3%，民营医院22755家，占比65.7%。

钱培鑫是浙江省社会办医的代表人物之一。他说,早在1992年就萌生了办民营医院的想法,但是当时条件并不成熟。2002年,他辞去公立医院院长职务,创办了长兴县第一家民营医院——浙江长兴博济医院。这一举动主要有两个原因:一是当时老百姓就医难,另一个是在任职公立医院院长的过程中,发现了一些局限性。

吕建明站在商业角度给出了分析。他认为,2006年的中国,大部分行业已经供大于求。但从浙一医院、浙二医院等公立医院一号难求的情况来看,医疗行业是为数不多的供不应求的行业之一,存在着巨大的发展空间。因此,通策集团切入了医疗行业的赛道,通策医疗成为了中国第一家以医疗服务为主营业务的主板上市公司。

浙江的社会办医

浙江发达的民营经济,为社会办医的发展提供了肥沃的土壤和先决条件。1989年,一位归国华侨在温州创办了一家骨伤科医院,这是浙江的第一家民营医院,也被认为是全国第一家民营医院。

马伟杭认为,浙江是一个以民本经济为主的省份,老百姓对医疗服务的需求非常多样化,这为社会办医提供了土壤。此外,浙江对社会办医的政策比较超前,比如下放社会办医的审批权、积极鼓励创新等。"当然,我们还有一批优秀的办医者,有回报社会的情怀,有长远的发展目光,愿意将企业从小做大、做专、做强,形成了健康可持续的发展模式。"

2020年,和康医疗成立了和康医养集团,旨在打造"社区植入式"医养结合模式,通过"互联网+医养"的方式,实现医疗、养老融合发展。钱培鑫指出,近年来国家大力推动医养结合,但是目前医养结合大部分存在于各大机构中,而进机构养老的人只有3%,将近97%的人选择留在家里养老。"只有解决了在家里、在社区养老的人的需求,才算真正实现医养结合。"目前,和康医养集团的社区互联网医院已在杭州近100个小区落地,服务老人10余万名。

吕建明表示,浙江社会办医的快速发展,得益于政府的开放和服务。其次,浙江医疗行业的从业者,相对来说在观念上受事业编制的"约束"会少一些,"还有很重要的一点是浙江的老百姓知道什么是真正有价值的医疗服务,注重医疗机构解决问题的能力"。

郝德明表示,通常社会办医需要三个条件:筹办人、消费群体,还有政府的推动。这三个条件,浙江都具备。浙江属于经济发达地区,老百姓的需求也更高,更看重品质,这给社会办医带来了机遇。另外,浙商和浙江医务人员开放的思想理念,也推动了社会办医的发展。

如何发展社会办医

老百姓的高要求和高标准,鞭策着社会办医从业者们不断进步。那么如何更好地发展社会办医?

吕建明表示,通策将继续做好搭建平台的工作,让医务人员能够充分发挥专业优势,互相成就。钱培鑫则表示和康将继续深耕康复版块,坚持"老年康复为基础,重症康复为支撑,功能康复为特色"的和康模式,让患者安全,让家属放心。

马伟杭站在政策角度给出了见解。第一,要提高社会办医的技术水平。比如,浙江省设立了专项资金,扶持民营医院的特色专科建设。第二,鼓励民营医院评级,提升社会信誉和地位。第三,为社会办医创造良好的舆论氛围。

如何兼顾公益性和营利性,一直是社会办医发展过程中的热议话题。无论是通策还是和康,都在以自己的方式践行公益,承担社会责任。例如疫情期间,和康先后三次派出25名医护人员援鄂,并以零感染的战绩圆满完成抗疫任务,得到了社会各界和政府领导的褒扬。

然而,前几年某些民营医院引发了信任危机之后,人们对于民营医院的担忧似乎一直存在。郝德明说,为了消除这些担忧,中国非公立医疗

■部分嘉宾合影留念

机构协会根据国家要求制定了全行业的社会信用等级评价的管理标准，展开了评信用评星级的双评活动，制定和明确了《全国社会办医服务承诺书》，通过"全国社会办医阳光平台"实现医疗机构在线签约，通过信息化、公开化、透明化的管理，落实市场主体责任，加强行业自律。

自2020年8月起，为促进民营医院持续健康发展，我国启动了为期三年的"民营医院管理年"活动。对此，钱培鑫表示将积极拥抱监管。"想要实现'办百年医院，树百年品牌，营百年产业'，必须以严谨的专业态度才能行稳致远。通过严格的监管，消除行业中良莠不齐的现象。"

马伟杭表示，正如"十四五"规划中强调的高质量发展一样，2020年也是社会办医步入高质量发展的关键时刻。除了政府的监管，更重要的是让社会办医的主体承担起自我管理的责任。"我们希望整个社会形成中国特色的医疗服务体系，构建一种合作共生的关系，这样老百姓才能有更多的选择。"

值得一提的是，2020年年底，由杭商传媒和和康医疗集团联袂编写的《浙江社会办医发展史》一书即将出版。本书历时两年，收录了浙江省社会办医近30年来40个具有代表性的故事。杭商传媒副社长、该书的执行主编李洁表示，非公医疗是一条不太好走的路，却又是一条必须要走的路。随着患者态度的改变，政府政策的出台，以及民营医院自身的发展，社会办医正在逐步走向康庄大道。

或许在不久的将来，公办医疗和社会办医之间的界限在人们的心中可以不再那么明晰。可能医疗服务同样专业，只是领域有不同；医务人员一样优秀，只是术业有专攻。无论是公办还是社会办，希望人们进入任何一家医院，都可以安心、放心、舒心。

责任编辑/沈丽萍

农夫山泉：水之战
NONGFU SPRING

□屈丽丽/文

农夫山泉正在迎来它的高光时刻：从冻资之王到被纳入恒生指数，再到水中茅台的赞誉，包括其创始人钟睒睒的半小时首富地位，所有这一切，都将定格在中国的商业史上。

然而，有关"水"的商战故事却并没有结束，农夫山泉能走到今天，是历经百战的结果，面向未来，"竞争壁垒"并不厚的矿泉水行业还将面临更为激烈的竞争。

放眼世界，各国从事"水"生意的商业巨头之间竞争已历经百年，从水源地的争夺到仓储、物流的建设，再到品牌的定位、讲故事的宣传方式，可以看出，企业最亮眼的地方往往是被竞争对手所着重攻击的地方。

"最强大的优势背后隐藏着企业最薄弱的环节"，或者正是对此的深刻洞察，让钟睒睒丝毫不敢放松，从进入这个行业开始，钟睒睒就明白"水"的生意将是一场永远不会停止的战斗。或许，这也正是农夫山泉一定要上市的原因。因为在日益细分化的饮料市场上，在越来越追求个性化的消费者面前，要打造新的定位和消费者认知，农夫山泉仍然需要雄厚的资金重建壁垒。而这场"冒险"将不啻于20年前的入局之战。

我们希望能从农夫山泉的发展历史，重新回顾当年商战背后的刀光剑影，并试图从中找到其商战的逻辑，为更多的充分竞争行业的进入者提供有价值的借鉴。

通过差异化"战争"打造认知

十多年前，记者第一次到农夫山泉千岛湖水源地采访时，印象最深刻的，除了对看守水源地老人油然升起的崇敬之外，就是会议方发给每位记者的试剂，以及使用这些试剂亲身参与的一个实验。当时桌子上摆了各个品牌的瓶装水，你只需要将试剂纸溶解在不同品牌的水中就会看到不同的反应，由此能看出水质的优劣。

然而，正是这不经意的行为，恰恰是农夫山泉引爆之后多起商战，品牌出位的开启。

从挑战娃哈哈、怡宝的天然水（纯净水），再到打击康师傅的矿物质水，再到康师傅的水源门事件，可以说，农夫山泉通过一次次的概念引出，以及一次次对竞争对手品牌危机的借势，成功地在包装水领域打造了自己的品牌认知，也让消费者区分开了纯净水、矿物质水、饮用天然矿泉水不同类别的差异，并一路把自己推上了瓶装水龙头老大的地位。

根据弗若斯特沙利文报告，2012～2019年，农夫山泉已连续8年保持中国包装饮用水市场占有率第一。

应该说，成立于1996年的农夫山泉，在包装水行业里无疑是一个后来者，当时的娃哈哈、康师傅等品牌已经建立起了足够的市场优势。在这里，钟睒睒有意或无意地使用了定位理论中的"认知法则"和"聚焦法则"，即"市场营销并不是一场产品战，而是一场认知战。市场营销中最强有力的观察就是在潜在消费者心中拥有一个代表自己特色的词语"。

1999年4月，钟睒睒对外公开提出"长期喝纯净水对人体不好"。高调宣称农夫山泉不再生产纯净水，全部生产天然水。直接就把矛头指向了当时生产纯净水的娃哈哈、乐百氏，并直接引发随之而来的一场诉讼。虽然最终农夫山泉输了官司，"纯净水对人体无用"的说法也被证明无科学依据，但"输了官司赢了市场"，农夫山泉在消费者心目中却植下了天然健康的形象，市场份额一路上升。

显然，在当年法律规制并不是特别健全、诉讼赔偿也并不是特别高的时代，农夫山泉以很小的代价就在竞争激烈的瓶装水市场中悄然出位。直至今天，仍然有消费者认为"纯净水无非就是自来水的净化，而且还把水中天然有益人体的物质给净没了"。

2007年，农夫山泉再次提出新的概念，"饮用'弱碱性水'更好，反对在水中添加人工矿物质"，此举直接将矛头指向了康师傅。

康师傅还没来得及有效反驳，随后便深陷"水源门"事件，由于康师傅将其所选用的水源——日常生活中的自来水在广告中说成是"选用优质水源"，引发了社会的质疑。加上

康师傅应对不善,当网民质疑其广告中的"优质水源"时,康师傅方面却声称纯净水添加矿物质已符合矿物质水定义。这种回避要害的响应最终引来了用户的"用脚投票"。

2008年9月2日,康师傅发布公告,承认其矿物质水及大部分饮料行业及瓶装水行业所选用的水源皆为公共供水系统(自来水),并向消费者致歉,然而时间窗口错失,市场地位由此下行。2011年,农夫山泉超过康师傅,成为包装饮用水行业第一。

不难看出,凭借"农夫山泉有点甜"的营销理念,发起水酸碱度讨论,反对在水中添加人工矿物质这几场"战斗",农夫山泉建立了自己差异化的品牌认知,并不断形成品牌的正向激励。

阿尔·里斯和杰克·特劳特在其《22条商规》中就指出:"人们会相信自己愿意相信的东西,品尝那些自己愿意品尝的食品。所以,软饮料的市场营销是一场认知的竞争,而不是口味的竞争。认知的力量要胜于产品本身。"显然,这同样适用于瓶装水行业。

值得注意的是,农夫山泉在一场场认知战中为自己建立差异化的定位就是——"大自然的搬运工"。不要小看这一定位,其背后蕴藏了企业多重的战略意味。

首先,低调背后留下空间,让竞争对手没有打击之处,难以找到下手之处。回顾康师傅"水源门"事件,就是因为举出了"优质水源地"的大旗,而"优质水源地"这一概念也让其成为了打击的目标,最终的结果对康师傅来说也是血淋淋的。

其次,2008年的时候,正是消费者对"食品安全"最为焦虑的时代,无论是苏丹红事件、瘦肉精中毒、三鹿奶粉事件,都让人们在对商品选择时将安全放在首位。而"我们不生产水,我们只是大自然的搬运工"的口号,准确回应了消费者的心理诉求,戳中了消费者关于食品安全的痛点。

最后,品牌定位的背后,是建立竞争壁垒的方式。拥有自己的水源地,相对于竞争对手来说,就是向上游进一步拓展了差异化的优势。而好的水源地的稀缺性,以及相对的更"重"的投入也将建立起企业的护城河。

事实上,对农夫山泉来说,水源地的质量和安全是其命门所在,也正因如此,据记者所知,几乎每一个水源地的开发,都是钟睒睒身先士卒,亲自考察才能确定。

最赚钱企业背后的高毛利

农夫山泉上市过程中能够在市场上大举"吸金"和"吸睛"的背后,最主要的原因就是因为它的高毛利。

招股书数据显示:2017~2019年,农夫山泉各个品类的毛利率均超50%,与此同时,农夫山泉包装饮用水的毛利率均接近60%。按一瓶水卖2元计算就是,卖一瓶赚1.2元。而同期做包装饮品的康师傅,饮品毛利率仅为33.69%,统一饮品的毛利率则为39.9%。

那么,农夫山泉是如何控制并降低成本,进而实现远高于同行的高毛利呢?

对此,管理会计专家邹志英告诉记者:"有三种情况会导致毛利增加:第一,在单价不变的情况下,销量增加,会导致毛利上升;第二,在销量不变的情况下,单价提升,会导致毛利上升;第三,在收入不变的情况下,成本下降也会导致毛利上升。"

我们来看一下农夫山泉是如何增加销量、提升单价、降低成本的。

在邹志英看来:"人们对健康水的认知加深,开始追求喝纯天然的水饮品。中国作为人口大国,水生意的生产规模扩大是情理中的事情。农夫山泉消费群体的年龄段基本集中在

16~36岁，这部分人群比较在意健康、高性价比的产品，在快速增长的市场需求带动下，农夫山泉凭着一系列营销事件，成功地用2元水价格打败了1元水价格的康师傅。"

尼尔森的研究数据则表明，近年来售价在1元左右的中低端瓶装水品牌冰露、娃哈哈、康师傅的市场占有率呈现逐渐下滑的趋势，三者的市场占有率合计从2013年约40%下降到2018年20%左右。

而售价在2元左右的中高端品牌农夫山泉、华润怡宝、百岁山市场占有率呈现逐渐上升的趋势，三者的市场占有率合计从2013年约37%提高到2018年61%。

"在提升销售数量方面，农夫山泉采用了三种手段：一是布局强大的销售网络，扩大消费触及率；二是通过品牌运作提升市场占有率；三是提早布局饮料市场，持续打造明星产品。这都是增加毛利空间的有效方式。"邹志英分析表示。

从布局强大的销售网来看，农夫山泉的销售模式是采用经销商+直营模式。2019年，农夫山泉通过经销商分销的收益占总收益的94%以上。公开数据显示，农夫山泉通过4280名经销商，覆盖了全国237万个以上的终端零售网点，其中78.9%终端零售点位于三线及以下城市。

不仅如此，农夫山泉在全国近300个城市投放了近60000台自动贩卖机，进一步拓展了线下的销售网点，更好地触达终端用户。

"从品牌运作来看，农夫山泉强大品牌化运作的背后，并不是仅仅通过一句广告，而是通过产品标准、水源地、包装设计，一系列营销事件和公共形象传播的全方位布局，满足消费者从感性到理性的需求。由此品牌深入人心，提升市场占有率。"邹志英告诉记者。

以公共形象传播为例，通过"买一瓶水，捐一分钱"的理念，结合奥运会、扶贫救灾、神州五号发射等一系列事件，将农夫山泉的品牌形象深入消费者心中。

"从提早布局饮料市场来看，农夫山泉的研发提早市场进入很多年，这是其能持续打造明星产品的重要保证，也是增加毛利空间的重要前提。"邹志英表示。

目前，农夫山泉除了有瓶装水产品外，还有茶饮料、功能饮料和果汁饮料三大产品，这三大产品在2019年的毛利率依次为59.7%、50.9%和34.7%，对比其他已上市的饮料公司而言，农夫山泉的毛利率占据首位。同时，从招股说明书中还看到，过去3年，农夫山泉的饮料产品虽然只占了全部产能的15%左右，但却贡献了40%的利润。

"这说明农夫山泉在其他三大产品中的竞争力也很强，每一部分的产品都有超过10年的明星单品，这跟农夫山泉提早布局饮料市场，注重研发并不断推出网红明星产品有关。"邹志英表示，"爆品是利润的来源。在饮料市场激烈的竞争下，无论是茶饮料的'东方树叶'，还是炭仌咖啡、水溶C100、农夫果园、尖叫、植物酸奶等，这些爆款都受到了消费者的欢迎"。

"从降低成本方面，农夫山泉采用了以下两大手段：一是控制生产边际成本；二是通过遵循'500公里运输半径'，布局水源地，大幅降低运输成本，以此提高毛利空间。"邹志英表示。

按照邹志英的分析，农夫山泉不生产水，但需要搬运水，水是不花钱的，只需要负担一些低廉的取得成本，即缴纳一定的水资源费即可取水。但"搬水"，就要建立生产线，对水进行过滤、杀菌、吹瓶、灌装、包装等一些列全自动化生产，所以需要购买生产线。招股说明书显示："2014年，农夫山泉在瓶装水生产

设备及厂房建设上投资了4.6亿元,平均使用年限是5~10年。这意味着生产边际成本几乎为0,产量越大,规模经济优势越显著。"

以一瓶550毫升的普通包装的农夫矿泉水为例,一瓶水出厂价为0.43元(不含税),按照4.7%的水等原材料成本测算,一瓶农夫矿泉水的水成本是0.02元,低廉成本奠定了高毛利基础。

事实上,农夫山泉"水源—工厂—产地"的模式,决定了瓶装水产业链中最贵的是运输成本。

"在瓶装水行业里有一条'500公里运输半径'的经验理论,就是说运输半径超过500公里,运输成本会蚕食利润空间,围绕'500公里运输半径'定律所产生的物流成本,是最值得严控的部分,否则产品有可能运至半路就已经亏钱了。"邹志英告诉记者。

据招股书显示,农夫山泉在物流仓储方面的开支,过去3年间在公司总营收中的占比持续下降,2019年的比例为10.5%,支出额为25.26亿元,相比于2017年的13.4%,已下降近2.9%。

重建竞争壁垒

很多人疑惑不差钱的农夫山泉为什么要选择上市呢?这或者应该从瓶装水和饮料市场正在开启的新一轮的激烈竞争来分析。

事实上,相对于20年前农夫山泉在包装水和饮料行业的入局,今日的竞争环境已经大不相同。一方面是主流消费者及其需求的变化,另一方面是营销方式的变化,而重要的是水行业的增长模式已经发生了很大的变化,新进入者不断增加,总体市场盘子的增速却在不断下滑。

然而,按照农夫山泉的既定计划,未来3~5年希望能够做到500亿元的规模,超过全球饮料巨头可口可乐的市场份额,短期内农夫山泉希望能够在饮料市场实现翻番,达到200多亿元的规模。要实现这一目标,农夫山泉需要重建竞争壁垒,建立新的竞争优势。

"如果不能站在新时代的转折点上,农夫山泉仍有可能被后来者超越,绝非可以高枕无忧。无论是瓶装水还是饮料,均有新老对手环伺,其市场虽大但竞争激烈。比如来自瓶装水市场上百岁山的竞争,以及饮料市场元气森林的PK。"某饮料行业高管朱海洋表示。

来看一下农夫山泉正在面临的新商业竞争的特点:

首先,从市场的盘子来看,包装水行业增速下滑,农夫山泉瓶装水业务即将遇到瓶颈,需要开拓第二支柱业务。

公开数据显示,2017年包装水行业增速跌至10%以下,近3年国内瓶装水行业规模增速均在9.5%左右,而接下来5年将维持7%~9%的增速增长。

其次,瓶装水江湖不断涌入搅局者,新锐网红品牌也在不断抢占细分市场,康师傅、统一、娃哈哈等老牌饮料企业犹在,而元气森林、喜小茶发展迅猛。

最后,Z一代正成为瓶装水和饮料市场的核心用户,他们更喜欢尝试新鲜事物,追求个性化和自我表达,这会进一步促进市场细分,给后来者机会。

比如,元气森林的成长就是在这样的背景之下,短短4年的时间成为国内茶饮市场的一匹黑马。从注册资金仅为100万元的公司,成长为估值高达40亿元的茶饮独角兽。

不只元气森林,在消费持续升级下,瓶装水高端化趋势明显,母婴水、气泡水、儿童水、老年饮用水等功能性产品不断涌现,这也意味着农夫山泉面对的竞争对手会越来越多。

天眼查数据显示:近10年来矿泉水相关企

业年注册量逐年上升，2019年注册量达到7393家，与10年前相比增长率高达103%。

反观农夫山泉所处的竞争位势，其市占率为20.9%，是第二名的1.5倍以上，但五分之一的市占率并不是一个绝对安全的位置。加上营收结构相对单一，由品牌营销和渠道形成的竞争力并不难复制。所有这一切，让其重建竞争优势的重要性日渐突出，尤其是在独立的研发设计和生产供应链上打造更加强大的壁垒。

公开信息显示，此次农夫山泉IPO共融资81.49亿港元，一半的资金用于打广告和全面铺货，1/4用于品牌建设，1/4用来购买终端零售设备以提升线下销售能力。

农夫山泉接下来的战斗会更加激烈。

优势背后藏着最薄弱的环节

在营销大师里斯和特劳特看来，成功常会导致自大，而自大则会导致失败。其中，自大一个很大的表现就是贸然延伸产品线。对于农夫山泉和熟谙营销之道的钟睒睒来说，如此表面上的简单错误主观上可能不会再犯，但成功法则的另外一面就是无法追上变化的步伐，这也就是企业优势背后所隐藏的最薄弱的环节。

高瓴资本掌门人张磊在谈到其最新出版的著作《价值》一书时就指出："从创业到守业，从价值创造到价值投资，价值似乎是企业整个生命周期的核心。但价值不是静态的，并不是拥有知识产权、渠道、品牌中的一项或几项之后，企业就可以什么都不干，直接收垄断的钱。价值投资就是企业所寻找的护城河，但它不是独门秘籍，永远不变。世界上只有一条护城河，就是你能不能不断地疯狂地创造长期价值。"

对于拥有24年历史的农夫山泉来说，同样如此。要坚守长期主义的价值创造模式，它必须要警惕四周环境的变化，并不断做出调整，以防止自己自认为强大的竞争壁垒为对手所戳破。

对于饮料市场正在发生的变化，吃货大陆EAT创始人洪七公就告诉记者："餐饮业尤其是外卖正成为饮品很重要的新渠道，作为一个空白市场，在销量上拉升很快。这主要有以下三个方面的表现：一是饮品新潮牌渗入餐饮门店，进入用户心智；二是个性化定制需求增长，餐饮业都希望更匹配自己的属性，彰显自己的品牌；三是外卖正在成为重要的饮品新渠道，外卖需要更针对性的产品优化设计，从商家成本到用户体验，从骑手效率到品牌露出，都需要针对外卖场景重新搭配。"

洪七公告诉记者："外卖作为新渠道的重要力量并不仅仅体现在销售产品上，同时还可以打造品牌认知。比如某非饮品品牌在外卖渠道上成为第一品牌的同时，在京东和天猫的大电商销售后台数据显示了用户会在搜索框进行主动搜索，并成为搜索力最强的品牌。"

显然，所有这些都是企业需要关注的新趋势。稍有错失，很可能就会给对手留下机会。这也意味着，企业面向未来的市场、环境、用户、产品力、供应链等要素的研究正变得越来越重要。不断构筑优势，将是一个长期的过程。（作者系《中国经营报》记者）

责任编辑/沈丽萍

匡特家族四代传承路径

蔡鸿青/文

匡特（HQ Holding）家族办公室，这个号称全德国最大的家族办公室，是如何练成的？匡特家族是戴姆勒-奔驰和宝马两大汽车公司的大股东，家族经历过两次世界大战，整个家族有过三度分合。

匡特家族19世纪时发迹于毛纺业，事业在"一战"中靠军服及战争用品大赚一笔。家族第二代京特·匡特（Günther Quandt）接手后，慢慢涉足军工武器及运输领域。第二次世界大战后，京特于73岁过世，去世前他指定由第三代赫伯特·匡特（Herbert Quandt）接班。家族虽然在京特生前尚未分家，但京特已明确订立日后资产须平分给兄弟两人的原则：长兄赫伯特接管汽车、电池及矿业，弟弟哈拉尔德（Harald）接管武器弹药业务。

战后百废待举，匡特家族持有戴姆勒-奔驰3.9%股权，他们看好战后重建商机，一年内增持股份到11.9%，但仍不敌市场上的另一方股东，未能获得控制权，最终匡特家族一共增持到15%。与此同时，当时宝马因营运不善而亏损求售，宝贵的投资商机浮现。但此时，兄弟两人意见不一，哥哥赫伯特于1959年执意投入家族资产，投入所有个人财产来持有宝马股份，并最终接管了这家汽车企业，于1963年将公司转亏为盈。至此，匡特家族同时持有德国两大汽车制造商的重要股权。

而事实上，赫伯特和哈拉尔德兄弟为同父异母，两人的个性大不相同，各自的家庭也完全不同。哥哥赫伯特熟稔营运、负责决策，但个性倔强，并且晚年身体状况不佳，同时赫伯特的家庭关系复杂。赫伯特有过三段婚姻，他与前两任妻子先后离异，第二任为他育有三名子女。赫伯特长年为眼疾所苦，后来病况加重，多年依靠女秘书约翰娜（Johana）协助，1960年他与约翰娜结婚，两人育有一子一女。而弟弟哈拉尔德只有一段婚姻，当时个性温和的他，负责宝马公司的技术事宜。

赫伯特不希望出现兄弟阋墙，仍竭力维持与弟弟的关系和感情保持家族和谐，但由于大家族里家族成员之间众多不合，最终演变成分家。

弟弟意外身故 两房分家

世事难料，1967年时，哈拉尔德因飞机失事，英年早逝，年仅45岁。当时他的遗孀英格仅39岁，夫妻俩膝下有五女，长女仅16岁，家族遗嘱规定女儿年满30岁才能动用财产。哈拉尔德意外过世后，除了无尽悲伤外，英格酗酒成性，且开始跟一名体育记者交往，后者建议英格将财产分家。

1970年，身体状况欠佳的赫伯特面对庞大事业，也开始规划企业接班，准备将家产分割给予三段婚姻的众多后代。1970年，哈拉尔德过世三年后，60岁的赫伯特主导匡特家族三代进行了第一次分家。首先分配主要资产，虽然两房资产均分原则确定，但因哈拉尔德已经去世，家族成员关系复杂，且宝马作为主要事业还是公私持股混合，哥哥与弟媳谈判不易，双方人数亦不相同，协商极其困难。

最终，赫伯特家族取得所有宝马汽车的家族持股，及3%戴姆勒-奔驰股权及电池事

业,而弟弟遗孀英格一方,则仅获得12%戴姆勒-奔驰股权。当年奔驰年营收是宝马10倍之多,生产车辆总数则是其八倍,这个不均等的财产分割,反映出双方谈判地位的强弱势,以及两家人在财产流动性和对事业前景看法等方面的意见不一致。

因家族资产庞大复杂,1970年的分配仅针对主要资产。哥哥赫伯特此后陆续针对他所得的财产,依照三段婚姻不同,以不均等方式分配给三任妻子和子女,最重要的宝马经营权及控股股权,则全数、不均等地分给约翰娜的子女。

初次分家后的英格,年仅42岁,她抚养五名女儿,亦未再嫁。英格考虑到自身没有能力经营事业,四年后,她将持有的所有戴姆勒-奔驰股权出售给科威特国王,一次套现约10亿马克。

1976年,两房二次分家,赫伯特家族获得运输、金属及金属制品公司股权,哈拉尔德遗孀英格获得车厢、金属、弹药厂等其他事业股权。英格承袭上次决策,出售所有资产,取得5亿马克,至此她共有15亿马克现金在手。从此,匡特家族明确切割为赫伯特家族与哈拉尔德家族两大支系。

五女同心 其利断金

故事发展至此,虽然哈拉尔德遗孀及五个女儿现金满手,但基于遗嘱规定,他们未满30岁仍不能动用资产;五个女儿中,长女虽然已婚,但亦仅27岁。

因为财富由五人均分,但都需要等到30岁才能动用,面对姐妹年纪差距过大,可动用时间落差太长,也许等分平均分割会是最轻松的决定。但面临多年来家族成员各自遭遇早逝及意外,她们一致认为这笔财富虽巨大却不祥,让家族命运蒙上诅咒阴影。同时,家族成员无意经营事业,长女与次女首先决定,未来共同管理的资产将仅作财务投资,而不涉及经营管理。

1981年,姐妹俩成立了HQ Holding(Harald Quandt Holding,简称"HQ Holding")。这一年,长女33岁,是她获得遗产继承权后的第三年,次女也已29岁,此时英格已过世两年,她们聘请了一位家族企业管理专家,来集中管理家族资产。可以说HQ Holding在当时是全欧洲最早成立的单一家族办公室之一,而且仅管理自家资产。

第二次世界大战后,西德经济快速复苏,到20世纪80年代时,当时的西德GDP已是欧洲第一,而此时美国以至整个西方经济进入快速增长期,各国股市也进入前所未有的全面牛市中。1982~1987年,美国道琼工业指数上涨了两倍多,意大利、日本、西德股市也分别上涨了3.56倍、3.51倍和1.6倍。因此,匡特家族资产价值也水涨船高,快速增值。

借力专家 做大发展

HQ Holding成立后即获成功,关键有三方面的因素:一是专业管理,二是当时市场势头正旺,三是五姐妹资产总规模庞大、吸引众多投资机会,家族财富因此快速增长,也引起周边朋友兴趣及关注。

但是1987年黑色星期一股灾,令市场一片哀鸿遍野,因为有了暴跌的惨痛经历,众多资产公司也开始认识到研究基础面的重要性。不久后的1988年,长期任职私人银行的约亨·绍本(Jochen Sauerborn)及经济学家赖纳尔·劳规划成立FERI,设立德国最大的研究机构型的资产管理公司,并邀约HQ Holding入股25%、成为三方大股东之一,而HQ Holding也希望借重专业人士的经验以及家族资产的周边资源,借力使力扩大规模。

HQ Holding与FERI两者差异在于，前者是单一家族办公室，仅管理家族自己的资产，并不对外开放；而FERI则是联合家族办公室，独立运作，管理众多家族客户的资产。尽管加入门槛高达1亿马克，但仍吸引了众多超级富豪陆续成为其客户。

但在运营过程中，由于合作三方不仅理念不同，实务操作上也时有冲突，最终在2000年FERI分拆为FERI Finance和绍本信托（Sauerborn Trust）。FERI Finance专注于投资研究，绍本信托（Sauerborn Trust）负责运营财富管理及税务信托服务等两家公司。2004年，绍本信托作价1.6亿欧元出售给瑞银（UBS），公司员工及客户资产转移到瑞银私人银行部门，而绍本本人则转任瑞银德国监事会主席。而另一位创始人赖纳尔·劳先将其25%股份出售给赫伯特·匡特家族，接着在2006年将60%的股份出售给MLP，2011年将剩余持股卖给对方，完全脱手。

2006年，匡特家族基于绍本信托的经验，重新成立一家联合家族办公室HQ Trust，由家族完全控股，通过分担成本、共享资源，创造更大平台与团队。HQ Trust在2009年开始营运，同时邀约外部家族加入。旧客户都希望HQ Trust不再易主，家族也承诺永不出售。2011年，前绍本信托的营运团队与过往的家族客户，全部加入HQ Trust，这个长达20年的三方合作告一段落，各方各有所属。

分家后，赫伯特家族现为宝马大股东，持股46.7%，2019年底这笔股权市值约253亿美元。而哈拉尔德五姐妹的HQ Holding，目前则管理旗下约170亿美元资产。

传承要点

在匡特家族的案例中，如果没有第二代君特·匡特提前确定均分原则，面对分产，同父异母的两房中的众多家族成员或许就会争执不休。然而即使有明确的原则，由于缺乏确定的细节和具体安排，后代仍无法自行推动。显然，作为上一代，应该在世时就将后代传承安排好，这是避免后代纠纷的最好办法。

事实上，在分家决策中，平分法未必是最佳方法。适当的做法是，结合后代的状况及兴趣、能力，以及外在客观环境及税务考量，进行适当性安排。而匡特家族区别实业资产与财务资产的二分法，也给我们另一个启示。

在任何情况下，提早规划，防患于未然都是必要的作为。相较于上一代，哈拉尔德英年意外早逝，令人始料不及，面对意外，遗孀陷入悲伤忧郁而酗酒，五女尚幼，所幸家族有遗嘱作为保护伞，让后代的权益得到保护。

而在分家过程中，当事人双方应秉持友善、协商确定的重要原则，进而再委请专业人士处理细节，应该也是分家分产的重要原则。哈拉尔德家族设立的家族办公室就是五姊妹合力断金的结果，显然无论在什么情况下，都是合作力量大。

而委托专业人士运营，可以让资产得以保全和持续，与外部专家进行战略性合作更是能够杠杆式扩大外部资源，并延伸内部经验，对于匡特家族而言，成为一个综合型的家族办公室，在服务家族内部的同时又服务外部家族和朋友，利人利己，更有机会做大做强。

责任编辑/沈意
本文图片为资料图片

现实版的"布登勃洛克"家族

□ 王 勇/文

中国有句谚语"富不过三代",意思是一个家族很难将财富传承三代以上。其实"富不过三代"是普遍存在的隐性规律。众多研究者表示在世界范围内家族企业传承的一个大致规律就是只有30%左右的家族企业由第一代传给第二代,不到10%的家族企业由第二代传到第三代。

在西方尤其是德国,"布登勃洛克"现象(Buddenbrook Syndrome)是典型的"富不过三代"的故事。《布登勃洛克一家》(Buddenbrooks)是德国作家托马斯·曼(Thomas Mann,1875~1955)的一部著名长篇小说,首次出版于1901年,当时托马斯·曼年仅26岁。小说讲述居住在德国北部商业城市吕贝克(Lübeck)的布登勃洛克一家在19世纪30年代至70年代由繁荣走向没落的历史。1924年小说的英译本出版,并于1929年获得诺贝尔文学奖。诺贝尔奖评委会对此书高度评价,称其为"德国首部格调高雅的现实主义长篇小说",由此坊间盛传"布登勃洛克"现象。

布登勃洛克家族由兴旺走向衰败的四代人

布登勃洛克家族的兴盛是从拿破仑战争开始的,老约翰(Johann)利用战争贩卖粮食敛财创立了"约翰·布登勃洛克公司",拥有大量的粮栈、船只、农庄和地产。由于善于经营加上对事业执着,老约翰在他这一代就把布登勃洛克公司发展到了极致。老约翰与两任妻子育有两子一女(小约翰Johann Jr.,高特霍尔德Gotthold,女儿书中无名,长期生活在法兰克福)。小约翰从二代中脱颖而出,顺利地继承了家族企业的衣钵。不过相对于父亲的踌躇满志,勇于开拓,小约翰只是勤勤恳恳,延续父辈的思路,经营上乏善可陈。

第三代布登勃洛克家族共有七个子嗣。小约翰育有二子(托马斯Thomas,克里斯蒂安Christian)二女(安冬尼Antonie,克拉拉Clara),而高特霍尔德养育了三个女儿。作为第三代中的翘楚,托马斯在年幼的时候就展示出布登勃洛克家族主人的风范。他才智过人而且诚信可靠,是一个不可多得的人才。父亲去世后,托马斯接掌家族企业,公司业务由此取得长足的发展,生意再次兴隆。与上两代所不同的是托马斯除了表现出极强的商业才干,还具有一定个人魄力和政治野心。他积极参与外部事务,风格进取、稳健。在竞选地方议员过程中击败强劲对手,成为市长的得力助手。然而托马斯的精明能干并没能挽救这个名门望族没落的命运。根本原因在于托马斯没能走出其传承的经商理念,跟不上外部世界发展的步伐。

■《布登勃洛克一家》作者托马斯·曼

他的弟弟，被一家人视为"窝囊废"的克利斯蒂安曾评论道"认真研究起来，每个买卖人都是骗子"。这句话虽为托马斯所不齿，因为这污辱了布登勃洛克一家几代人秉持的"诚实"经商的理念，但现实世界的残酷、外部环境的恶化，又能让几人坚守"商业道德"。托马斯起初犹豫摇摆，又强作镇静，努力支撑残局。后期各种矛盾爆发，让这个信奉商业道德，视维护家族荣誉为己任的商业强人精神崩溃，对每况愈下的局面一筹莫展。而他的儿子汉诺，布登勃洛克家族的第四代唯一可能的继承人，又让人看不到任何希望。在痛苦绝望中最终托马斯在遗嘱中明确了清盘公司的意愿，在40多岁英年早逝。

《布登勃洛克一家》中也着墨描写了布登勃洛克家族的第四代继承人汉诺（Hanno）。作为家族唯一的选择，他父亲托马斯从小就严格管教他，但这一切改变不了性格内向而陶醉于艺术的汉诺。汉诺醉心于音乐其实是为了寻找精神寄托，摆脱痛苦，躲避企业及与企业有关的责任、权力、纪律规范。他的生活了无生气，不能给家族和企业利益相关方带来任何希望。最后一场伤寒结束了汉诺的生命，也结束了布登勃洛克一家。

现实中的"布登勃洛克"现象

"布登勃洛克"现象是让人唏嘘的。布登勃洛克家族在短短40多年的时间内由兴旺走向衰败。家族的四代继承者相继匆匆去世。一个曾几何时兴盛至极影响一方的家族及以其为支撑的家族企业瞬息间就灰飞烟灭。当然人们也许会说"布登勃洛克"现象只是托马斯·曼的一部小说，其中的家族企业及其兴衰都是虚构的，没有现实代表意义，可实际情况却是"布登勃洛克"现象比比皆是。

这里我们将目光从欧洲转向北美。斯坦伯格（Steinberg）是加拿大的一家家族经营的连锁超市。斯坦伯格一家是犹太-匈牙利裔，在第一次世界大战后由俄罗斯移居加拿大。1917年该家族在蒙特利尔创立斯坦伯格公司，以小本零售经营为主。艾达（Ida）是公司创始人，她秉性刚毅，坚韧执着。起初创立公司是为了支撑家庭，独自抚养膝下六个儿女。她的二儿子山姆（Sam）继承了母亲的秉赋，年纪轻轻就崭露头角，14岁开始涉足家族企业，后在妻子及岳父的全力支持下把企业逐渐发展为遍布魁北克省（Quebec）的连锁超市。

绝对控制权的悖论

敏锐的市场直觉是山姆事业成功的基础，对家族成员关爱和坦诚是他的个人特质。家族成员对山姆都非常尊重，借此他在企业中也享有绝对的领导权和经营决策权。然而绝对的决策权在公司规模较小的时候是有利的，随着企业的发展，这种决策模式就会显现出弊端。20世纪50年代随着斯坦伯格扩张，需要注入外部资金，于是公司开始上市融资以公众资金支撑企业的运作。此时的斯坦伯格内部由于没有高管团队，在决策上频频失误。比如公司收购大联盟百货（Grand Union）38家店面，建立"奇迹购物中心"（Miracle Mart），"奇迹食品中心"（Miracle Food Mart）等连锁百货及食品店，以实现多元化经营。这项决策实际却分散了核心业务（超市业务）资源，让斯坦伯格损失1亿多加元。

狭隘的家族控制意识也使得公司难以正规化发展。山姆有四个女儿。在"奇迹购物中心""奇迹食品中心"等连锁店出现问题后山姆不愿招募非家族职业经理，而是在家族内寻找合适人选改善经营。这时具有创业精神和野心的大女儿米兹（Mitzi）进入了山姆的视野，并迅速加入公司，即便此时的她没有任何商业经验。基于同样的理念，山姆还引进了米兹的丈夫梅尔（Mel）和二女儿丽塔（Rita）的丈夫里奥（Leo）。但这种任人唯亲的管理方式难以赢得职业经理人的信任，不少人才相继离开集团公司。

家族战争的重创

斯坦伯格的巨大转折出现在1978年，那一年山

姆因心脏病突发离世。由于山姆一贯的独裁，公司没有传承计划也没有得力的高管团队，掌门人的离世随即让公司进入一种无序状态，公司发展也由此失去方向。这种状况直到米兹和梅尔聘任了第二位职业经理人路德米尔（Ludmer）后才有所好转。1985年米兹开始与投资人接触，准备出售斯坦伯格。她与妹妹玛丽琳（Marilyn）合作，暗中运作，而当小妹妹伊夫林（Evelyn）得知此事后，姐妹间的信任遭遇重创，从此引发了持续多年的家族战争。后期玛丽琳和伊夫林共同对付大姐米兹。米兹也对两个妹妹毫不客气，于1987年年底一纸诉状将二人告上法庭，声称二人违背公众利益，阻碍信托公司销售斯坦伯格股份。这场诉讼直到1989年才拉下帷幕，斯坦伯格遭受重创。1992年9月最后一家斯坦伯格分店被关闭。一家曾经辉煌的家族企业在经历了三代之后黯然退出商业舞台，重现"布登勃洛克"现象。

200家企业的60年

布登勃洛克和斯坦伯格两个家族企业，一个虚构一个真实，从事的行业、企业规模、运作环境都有所不同，但两者相比还是有共同点，其中之一就是继承人都缺乏带领企业继续发展的卓越能力。布登勃洛克家族的汉诺秉性懦弱，不适应明争暗斗的经济社会。他看穿了商界的残酷竞争，对企业运作、企业管理没有任何兴趣。他醉心于音乐，尤其是瓦格纳的音乐，希望用音乐去填补内心的空虚。但是音乐只能给人以慰藉，不能培养个人的企业领导力和市场判断力。

斯坦伯格家族的第三代虽然有四个女儿——米兹、丽塔（1970年去世）、玛丽琳、伊夫林，但她们都不能胜任接班人的位置。米兹是最有个性和冒险精神的候选人。1978年山姆去世时米兹就是董事会成员，但她与管理高层矛盾重重，其中包括她自己后来任命的高级经理人路德米尔。1987年米兹又与自己的两个妹妹交恶，导致一场诉讼大战。这样

的特质如何能领导家族企业呢？当然家族企业的传承的困难不仅仅是因为缺少合适的接班人，其他林林总总的因素也会导致传承难以实现。比如老一辈恋战不愿交权而新一辈得不到锻炼；两代人理念不同以致矛盾交错；非家族元老不愿扶持新一代而制造障碍；家族内部矛盾无法化解等。

美国学者Ward在1987年发表的一部研究著作"维系家族企业的健康：如何规划企业的持续发展，盈利及家族领导力"（Keeping the family business healthy: How to plan for continuing growth, profitability, and family leadership）中开篇就谈到普世共存的家族企业过早衰亡的现象。他谈到在英语中有"rags to riches to rags"（从衣衫褴褛之人到富人再到衣衫褴褛之人）的说法，言下之意也是家族企业难以传承三代。类似地，在意大利语中有"dalle stalle alle selle alle stalle"的表述，意思是"从摊贩到明星然后回归摊贩"。西班牙人说"quien no lo tiene, lo hace; y quien lo tiene, lo deshace"（从无产者到劳动者到有产却滥用者）。各种说法其实都是"布登勃洛克"现象的不同表述而已。

Ward在书中研究了美国200家成功的制造领域的家族企业在1924到1984年的发展轨迹。数据显示在60年后的1984年，80%的原企业不复存在（其中33%的企业寿命在0～29年，35%存活了30～59年，16%的寿命是60～89年，还有16%的企业延续了90年以上），5%的原企业通过市场转让变为非家族企业，2%的企业上市不再由原家族控股，只有13%的企业还掌握在1924年的原家族手中。值得注意的是Ward纳入研究的200家制造型家族企业在1924年都属于成功企业。这些行业的翘楚60年后的命运尚且如此，那么那些业绩平平或业绩挣扎的家族企业的命运又如何呢？这里是不是也有"布登勃洛克"现象呢？

责任编辑/沈意
本文图片为资料图片

史记 HISTORY

埃菲尔铁塔：曾经的『巴黎之耻』

□周 鼎/文

1904年年初，47岁的康有为静极思动，从香港出发，乘船前往欧洲。他的初衷是考察各国政治，为将来中国变法提供借鉴。当康有为抵达巴黎时，正是法国人日后深情怀念的Belle Époque（美丽时代），但这座繁华都市中最吸引他的还是博物馆和埃菲尔铁塔。埃菲尔铁塔更是康有为的最爱。他在巴黎只待了十多天，竟然三次登塔，其喜爱之情可见一斑。

"天下之大观伟制，莫若巴黎之铁塔矣！"这是康有为的由衷感叹！站在300米高的塔顶，巴黎全城如缩微模型。更令他惊讶的是，铁塔不仅安装了电梯，而且还在中、下两层平台上修建有商店、餐馆，如繁华闹市。

康有为对埃菲尔铁塔的热爱证明了法国建筑工程师古斯塔夫·埃菲尔的伟大胜利。事实上，这位法国建筑师建造铁塔的初衷就是要震惊世界。然而，熙熙攘攘的游客们已经很少有人知道，这座堪称现代建筑奇迹的铁塔差点胎死腹中。

"大国复兴"的象征

19世纪80年代，被称为"早产儿"的法兰西第三共和国还处于内外交困的混乱之中，如何重建国家形象、打造政治认同是这个新政权的当务之急。1889年是法国大革命100周年。法国政府渴望通过成功申办当年的世博会，向全国人民颂扬革命传统，巩固共和理想；同时也向全世界展示国家实力，宣布大国复兴。当法国政府如愿获得主办权后，他们决定建造一座象征法国革命和巴黎盛世的巨大"纪念碑"。法国商务部广募方案，招标竞赛，希望建造一座"方形基座，125米宽，300米高的铁塔"。最后，古斯塔夫·埃菲尔的设计从700多件应征方案中脱颖而出。

古斯塔夫·埃菲尔出生于法国勃艮第中部的第戎，是巴黎世博会组委会成员眼中根正苗红的高卢人。埃菲尔曾先后在巴黎综合工科学校和法国中央高等工艺制造学校求学，可是他始终没有取得一张毕业证。此后，这个肄业大学生到法国西部铁路公司任工程师。

那是一个"大干快上"狂修铁路的时代。1858年，年仅26岁的埃菲尔竟然获得了主持设计一座长达500多米跨河大桥的机会。从此之后，埃菲尔在结构设计上的天赋展现无遗。他发明了预制桥梁，可以在工厂里生产出预制配件，然后拿到施工工地进行现场组装，这种方式大大加快了工程的进度，也使得在偏远地区进行桥梁施工成为可能。埃菲尔一生在世界各地建造了42座跨河大桥。除此之外他还协助法国雕塑家巴托尔迪建造了纽约自由女神像。自由女神像面对狂风，始终屹立不倒，全靠埃菲尔出色的框架设计。

为什么法国商务部指定要建造300米高的巨塔呢？法国人的真实想法其实是对标美国。原来早在1874年的费城世界博览会时，美国的设计师们已经在构思建造一座300米高的铁塔。虽然这座想象中的新巴别塔未能建成，但巨塔梦一直萦绕在人们的心头。法国商务部希望法国人能赢得这场高难度竞赛。幸运的是，埃菲尔和他的团队出现了。

1884年，在位于巴黎郊区勒瓦卢瓦-佩雷的埃菲尔工作室，两名工程师交给老板一幅巨大铁塔的草图。整座铁塔的基本结构是由四根柱子遵循一定弧度逐渐汇聚于顶点。这一结构的最大优点是抗风性高。埃菲尔觉得这幅草图"不是很有趣",缺少美感,便鼓励工程师们继续研究。资深工程师史蒂芬·索弗斯特把草图重新修改,画出了铁塔的砖石支脚,并在四个支脚上增添了拱形结构;他还在铁塔第一层平台上设计了一条玻璃长廊,用以接待观众。这一修订方案赢得了埃菲尔的肯定。他当即买下了工程师们的设计,并进一步修改。1887年开工时,草图更为简洁明确,只保留三层平台,与如今所见的铁塔相近。

埃菲尔不仅是一名大胆创新的工程建筑师,而且还是一名精通管理的企业家。他善于利用媒体向社会公众宣传自己的理念。埃菲尔称他的草案代表了"现代工程师的艺术和科技工业时代"。他强调,铁塔将有助于推进科技、气象学和天文学等领域的进步。但归根到底,创造世界建筑高度新纪录的铁塔是一项最好的证明——标志着历经启蒙时代和1789年大革命的法兰西获得了世界的认可。世博会组委会批准了埃菲尔的设计方案。但是,此后铁塔项目却遭遇了重重困难,几度搁浅。

"难产"的埃菲尔铁塔

首先是钱的问题。按照最初的估算,整个埃菲尔铁塔的造价是500万法郎,全部由政府承担。但是眼高手低的法国政府很快发现自己囊中羞涩,最后只答应拨款150万法郎。剩下所需资金要由建造者自行筹集。政府为此承诺,投资者享有20年的经营权。在这段时间内,埃菲尔将从入场费和餐厅收入中获得回报。20年后,铁塔就地拆除。从此以后,以自己公司资产作抵押的埃菲尔与这座前所未有的巨大铁塔可谓生死与共了。

接下来,关于修建埃菲尔铁塔最佳位置的争论又开始了——埃菲尔铁塔应该建在塞纳河谷底部,还是应该耸立在附近的丘陵之上?如果在战神广场修建如此巨大的铁塔,会不会让广场上的世博会宫殿黯然失色?但是,如果这座塔不是通往世博会的灯塔,它的意义何在?又有多少人愿意花钱去参观一座位于遥远山丘上的纪念碑?

最终,埃菲尔再次获胜,铁塔将矗立在战神广场上,从而保证了门票收入。然而,当军方发现他们将失去"战神广场"上的训练场长达20年时,便鼓动将铁塔迁到离河更近的地方。不久之后,埃菲尔失望地得知,他不得不在塞纳河附近建造铁塔。由于河岸土壤潮湿稀松,铁塔的地基需要采用更复杂的压缩空气施工技术。

1886年10月22日,政府委员会终于召开会议讨论埃菲尔的合同。几名很有权势的政治家强烈批评埃菲尔铁塔是"反艺术"和"反法国"的丑陋设计。在不停的争论中拖沓了一个月,委员会再次开会,最终以21票对11票的结果批准了埃菲尔的建造合同。讽刺的是,当时激烈反对铁塔项目的政治家皮埃尔·蒂拉尔两年后以总理的身份主持召开了埃菲尔铁塔的竣工仪式。在仪式上,蒂拉尔总理感叹了一声"真香",为自己从前的言论表示后悔。

批准决议公布仅仅两天后,埃菲尔又陷入到一起突发事件中。一位伯爵夫人和她的邻居联名提起诉讼,要求停止修建这座塔。两人的住宅毗邻战神广场。她们看到铁塔即将动工,立刻感到惊恐万分,将埃菲尔告上法庭。她们认为,埃菲尔铁塔的建造不仅对自己的房屋构成威胁,而且还将长期堵塞战神广场最适宜附近居民锻炼的地方。伯爵夫人和她的许多邻居更担心如此巨大的巨塔一旦倒塌,后果不堪设想。此外,她们也怀疑这座铁塔像一个巨大的避雷针一样吸引危险的风暴闪电。

1886年12月,古斯塔夫·埃菲尔陷入到人生的至暗时刻。自从他竞标成功之后五个月过去

■古斯塔夫·埃菲尔

了,他仍然没有拿到政府授权的建筑合同,更不用说政府补贴了。即使他明天能签合同,伯爵夫人和她邻居的诉讼也会阻止他开工。与此同时,他已经投入了大量资金。在勒瓦卢瓦-佩雷的生产车间,埃菲尔公司的工程师正在监督1700幅塔架骨架图的制作,而其他绘图员则负责制作18000个锻铁构件所需的3629份详细效果图。如果不尽快开工,所有已付出的时间、精力和金钱都将白费。

12月22日,压力山大的埃菲尔给他的支持者世博会建筑竞标评委会主席写了一封信。他列举了自己面临的所有困难,无比沮丧地说:"我很抱歉,我不得不放弃建设本届世博会最受欢迎的主要景点之一。"值得庆幸的是,埃菲尔在写完信后又改变了主意,默默把信放进抽屉。只是一念之间,现代世界差点就失去了埃菲尔铁塔。

文学巨匠口中的"巴黎之耻"

此后,经过一系列艰苦繁琐的谈判和妥协,埃菲尔终于渡过难关。1887年1月28日,铁塔正式破土动工。然而,这并没有减少总是争论不休的巴黎人对铁塔的尖刻批评。2月14日,当时著名日报《时报》【Le Temps,《世界报》(Le Monde)前身】发表了莫泊桑、大仲马等47名巴黎精英知识分子联名发表的公开信。这封公开信沉痛哀悼说,这座高得出奇的铁塔是一个毫无灵魂和粗俗不堪的工业巨怪,像一座巨大的工厂黑烟囱,在它的野蛮统治之下,巴黎所有的一切都将会被铁塔的野蛮质量压得粉碎。这些典型的法国精英知识分子们坚信:"即使是商业化的美国也不会想有埃菲尔铁塔,毫无疑问,它是巴黎之耻。"

随后,埃菲尔也在《时报》的采访中展开还击。他告诉记者:"我相信这座塔自有它的动人之处。建筑之美的首要原则是一座建筑的基本线条与其实用性之间的完美和谐。在设计这座塔时,我必须克服的主要障碍是什么?它的抗风性。你看,在我们的精确计算之下,铁塔的四道弧形棱边,从一个巨大的基座上升,向顶部逐渐收缩,会给人一种强烈的力量和美感。"埃菲尔忠告那些沉迷于怀旧的人:在人类有史以来建造的最高建筑里,都有一种内在的吸引力和魅力,所以"埃菲尔铁塔值得受到尊重,哪怕只是因为它将表明,我们不仅是一个有趣的民族,而且是一个工程师和建造者的国家,他们被召唤到全世界去建造桥梁、高架桥、火车站和现代工业的伟大纪念碑。"

幸好世博园建设工程浩大,当局担心重置方案赶不上施工进度,没有轻易表态,这才让埃菲尔又一次度过危机。破土开工24个月后,埃菲尔铁塔赶在世博会举办前夕宣告竣工,唯一的美中不足是被迫安装的奥的斯电梯迟迟不能正常运行。铁塔的施工速度令人惊叹,建筑工业化革命的潜力尽显无遗。在此之前,砖石和木头是人类建筑的基本材料。但是,工业革命之后,钢铁结构、铁和玻璃的结合以及钢筋混凝土等新材料的出现彻底颠覆了建筑业的旧传统。钢铁材料不仅比传统石料强度大、重量轻、价格相对低，更重要的是便于加工成型，实行工业化生产和安装。

铁塔整体设计采用了交错式结构，尽管体积庞大，但其实只有7000吨。铁塔共用了18000多个金属构件，其中包括1500多根巨型预制梁架。工程师们在这些构件上总共钻了70万个孔；如果将这些孔串联起来，将会形成一根43英里长的管子。为了将这些构件铆接在一起，共使用了250万颗铆钉。所有的构件都是在工厂里预先锻制而成。准备锻铁构件是一项复杂的工作。由于整座铁塔的四根柱子是弧形，所以每一块构件都必须单独设计。这也意味着每个孔和铆钉的位置，必须毫厘不爽，每个孔的误差度必须控制在十分之一毫米以内。

铁塔最难的一道程序是安装第一个平台，就像给四条桌腿安上桌面。埃菲尔花费数月才完成了第一个平台的安装和校准。他面临的一个关键问题是，如建立一个绝对水平的平台。铁的四根支柱分别有四根角柱，这16根柱子中的每一根都必须与传送带相接，高度必须精确到预定的铆钉孔所在的位置。一旦第一层平台略微倾斜，剩下的200多米的塔楼就不可能安全搭建了。

埃菲尔和他的团队以千斤顶和沙箱解决了难题。他们对四个基柱墩进行了详细校准，每个基柱墩重440吨。他们一旦发现一根柱子的高度高出一英寸，就拔出沙箱的塞子，让细砂流出，直到活塞和立柱降到正确的位置。如果立柱太低，就操作气缸旁边的千斤顶将立柱推回正确的角度。如果说，善于运用简单的方法和经济的手段是天才的标志，那么埃菲尔正是这样的天才。

工业时代的标志印记

整个埃菲尔铁塔项目历时两年，雇用了500名工程师和40名设计师，施工图多达2500页。正如施工工地的一位参观者所说："我们惊奇地发现，巨大的金属与精确的数学结合在一起，形成了工程艺术史上最大胆的作品之一。"埃菲尔铁塔的确是最大胆的作品。尽管埃菲尔确信，他的铁塔设计安全可靠，但实际上，他从来没有修建过高塔，几乎没有任何经验可以借鉴。当这座庞然大物顺利落成时，埃菲尔从此名垂青史。铁塔连同顶部的旗杆在内，高312米，是当时世界上最高的建筑。埃菲尔曾骄傲地宣称："现在，世界上只有法国国旗能飘扬在300米的高空。"这一纪录直到1949年纽约克莱斯勒大厦落成才被超越。

如果说巴黎圣母院是古老巴黎的标志，那么埃菲尔铁塔就是现代巴黎的象征。即使是曾经激烈反对修塔的巴黎文人们也经常光顾铁塔。当莫泊桑被人询问："你为什么经常到铁塔去吃饭？"他的回答很幽默，"因为在巴黎，只有在埃菲尔铁塔里面，才是唯一看不到铁塔的地方"。

美国文学家亨利·詹姆斯曾经在1875年评价巴黎歌剧院时说过一句名言："建筑之美，见仁见智；依我看，它不美；但没人可以否认它独具特色，反映出了它的时代，它在讲述建造它的这个时代的历史。"埃菲尔铁塔的工业美学也许并不能获得所有人的肯定，但是所有人最终都会同意，曾经独领风骚数十年的埃菲尔铁塔是工业时代的最佳象征。

（作者系历史学博士，四川大学历史文化学院教师，长期从事中国文化、中国近现代史研究。本文详见于【《家族企业》杂志2020年9月刊】未经本刊授权，不得转载；经本刊授权转载的，请注明来源。）

责任编辑/沈意
本文图片均为资料图片

资讯
HANGZHOU INFORMATION

■第十六届中国国际动漫节成果总结通报会现场　　杭商传媒记者　徐青青摄

第十六届中国国际动漫节全景式回顾：
动漫盛宴，狂欢永不落幕

□杭商传媒记者　王柔仪/文

9月29日至10月4日，第十六届中国国际动漫节在杭州市滨江区白马湖动漫广场举行。2020年上半年，受新冠肺炎疫情影响，中国国际动漫节执委会办公室审时度势，做出了延期举办第十六届中国国际动漫节的决定，同时向漫迷发出了秋天之约。本届动漫节以"动漫之都，智享未来"为主题，通过线上线下相结合的方式，举办了会展、论坛、商务、赛事、活动五大板块共计45项活动。

73.92万漫迷如约而至,通过"云上国漫"平台线上参与动漫节互动的人数达到1012万人次。65个国家和地区、2680家中外企业机构、5886名客商展商和专业人士通过线上线下参与动漫节的各项活动,线上、线下开展一对一洽谈2069场,达成合作意向1543个,超过100部全球动画新片在动漫节上亮相,发布重大项目14个,现场签约金额超过2.5亿元人民币。

秋意抵挡不住漫迷们的热情,本届动漫节依旧亮点纷呈、看点十足。

01 大咖云集,共话行业未来

本届动漫产业高峰论坛主论坛由中国国际动漫节执委会和中央广播电视总台央视财经频道携手打造,以"动漫,多一种可能"为主题,围绕产业与新消费,就人工智能、中国乐高、cosplay等时下圈内最热的话题、现象展开讨论。

主论坛上,众多业界大咖分享了精彩的观点。

阅文集团总裁、腾讯平台与内容事业群副总裁侯晓楠以《全职高手》为例,剖析了优秀作品的价值。"《全职高手》的小说是阅文集团白金作家蝴蝶蓝2011年创作的作品,于2014年完结,2017年创作了动画,2019年又拍了影视作品和大电影,取得了非常好的效果。"

侯晓楠指出,动漫播出后,主角叶修的人气日益攀升。现在,叶修的虚拟人物形象已经可以直播带货了,销售额超过20亿元。"如此高的商业价值背后,是好作品、好制作带来的圈层渗透,是虚拟和现实之间的完美融通。"

在游戏虚拟世界中,我们能做什么?网易副总裁、网易游戏雷火事业部总裁胡志鹏说:"网易给出的答案是,一场平行世界的学术会议。"他表示,这一灵感跟2020年的新冠肺炎疫情有关。"以往的学术会议,大家会选定一个地方,聚到一起去探讨,而2020年因为疫情,我们不得不在家里,通过视频软件做这件事情。但对着视频,不少人觉得交流的真实感少了。于是,我们想到在一个游戏类的虚拟世界里,把大家聚集起来探讨学术。很快,我们就制作了整套平行世界的学术会议系统,并运用在第一个全球分布式AI学术大会上。"

更精彩的是,2020年的高峰论坛特色品牌"C.A.K.E. TALK"推出了系列主题论坛,分为Master大师班、Young新锐班、Panel圆桌班和Live现场秀等板块。现场,一众行业大咖展开了精彩的"头脑风暴"。

"C.A.K.E. TALK"Master大师班邀请到三位动漫业界杰出女性代表,分享她们在动漫从业道路上的心路历程,呈现动漫"她时代"的女性力量。这也是中国国际动漫节论坛活动16年以来第一次全女性嘉宾主讲的大师班。

腾讯视频动漫次元中心总监佘媛媛现场分享了一组数据:目前市场上有75%的用户只看国漫,只有6%的用户只看日漫,剩下19%的用户是国漫、日漫都看。她表示,国漫已有发展的基本轮廓,但尚未真正成熟,目前还有一大批对动画原创作品有刚需的用户,他们的需求没有被满足。"当不仅有IP改编作品,还有大量先锋、原创、风格化作品出现的时候,才是国漫百花齐放的成熟期。"

皮克斯角色设计师、独立动画人辛颖宗"C.A.K.E. TALK" Young在新锐班上分享了创作心得。她认为,"故事无处不在,平时看的电影、小说、生活琐事,甚至和朋友闲聊的话题都可能是创作的灵感来源"。辛颖宗坦言,现在精致完美的画面、写实逼真的特效技术都已经不再是大问题,但好的故事依然是大家坚持追求的方向,也还有很大的提升空间。

杨加助作为杭州本土的优秀动画人之一,就如何让动画电影多元化变现分享了经验。"虽然国内的票房一年比一年好,国漫也越来越受到大家的喜爱,但是变现困难、变现方式单一依旧是

资讯
HANGZHOU INFORMATION

■ "C.A.K.E. TALK" Master大师班邀请到三位动漫业界杰出女性代表,分享她们在动漫从业道路上的心路历程,呈现动漫"她时代"的女性力量。 杭商传媒记者 楼晋瑜摄

中国动画电影的痛点。"杨加助表示,"如果仅仅依靠票房,那么动画电影的热度可能会很短暂,如果能把动画电影IP化,那么变现方式可以更多元,也更持久"。

据悉,他和团队正在努力将《白素贞》打造成城市IP,跟杭州西湖做联动,结合线下实体场景一起推广。另外,他认为杭州电商发达,浙商更是一个有创新精神的群体,很多产品都集中到杭州来寻找IP合作,这些都是杭州的优势所在。

"C.A.K.E.TALK" Panel圆桌班一展国际化风采,邀请到5位来自中国、法国、比利时等国的动漫影视专家学者和从业人员,围绕"后疫情时代下中、欧动漫的新挑战、新机遇带"分享和探讨。

"C.A.K.E.TALK" Live现场秀是2020年特别新增板块,以"直播马拉松"的形式,结合各论坛主题与嘉宾,在动漫游戏相关垂直领域继续深度探索。

■ cosplay人物 杭商传媒记者 周乐蒙摄

02 数字赋能，引领动漫新风

9月29日晚，"金猴奖"颁奖典礼再度回归，在各大平台线上直播。其中，《哪吒之魔童降世》不负众望摘得综合奖动画电影金奖。

值得一提的是，利用数字赋能，将线上线下相结合的办展模式在此届"特殊"的动漫节中展现得淋漓尽致。

为办好这场万众期待的活动，本届动漫节把疫情防控置于重中之重的位置，充分运用杭州数字治"疫"成果，采用数字化高科技防疫手段，做到智慧化、精细化防控。产业博览会全部采用电子票，实行实名制预约购票方式。参与展商、媒体记者、工作人员均采用证件申报系统。所有参与人员信息都接入"杭州健康码"大数据中心，确保信息可追溯。

在观展模式上，本届动漫节推出"云上国漫"平台，以H5形式呈现"云上谈商务""线上逛漫展""网上看直播""我想去现场"四大板块，让不能到现场的企业和观众足不出户参展观展。

截至目前，累计已有1500多家动漫游戏企业参与各板块活动，仅"云上交易"系统平台就吸引45个国家和地区的动漫游戏企业浏览，来自美国、加拿大、英国、韩国等15个国家和地区的动漫游戏企业参与交易，确定预约一对一视频商务会议场次近800场。

此外，本次动漫节特别运用2.5D模块技术，创新搭建云上展售虚拟展厅，让参与的动漫游戏企业以独立虚拟店铺的形式呈现；"网"聚欧漫达高、英国先锋影业、央视动漫集团、腾讯动漫等近百家海内外优质动漫游戏企业，展示数百个动漫游戏IP产品，为这一国际性的动漫盛会营造实境化"云漫展"氛围，创设动漫营销新场景。

动漫节的品牌活动——国际动漫游戏商务大会（iABC）更是吸引了英国、法国、芬兰、巴西等42个国家和地区的海外专业人士在线关注，863名国内专业人士现场参与，重点发布了涉及动漫跨界融合领域的五大类14个项目，涉及金额近5亿元人民币，现场签约金额超2.5亿元人民币。

■cosplay人物　杭商传媒记者　马晗聪摄

■cosplay人物　杭商传媒记者　周乐蒙摄

资讯 HANGZHOU INFORMATION

03 滨江阵容，尽展东道主风采

"动漫之都"在杭州，"智享未来"看滨江。在文化创意产业蓬勃发展的杭州高新区（滨江），集聚了文创企业3000余家，其中三分之一是动漫游戏业企业。网易（杭州）、中南卡通、电魂网络、玄机科技、边锋网络、游卡网络、炎魂网络、流彩动画等一批行业领军企业，成为杭州文创产业的新兴力量。

2020年的动漫节上，"滨江阵容"愈发强大，共有13家动漫和游戏企业参展。除了些耳熟能详的"老朋友"，更有新鲜血液的注入，为漫迷们带来了惊喜。

走进A馆，中南卡通的"科技蓝"夺人眼球。此次展台，中南卡通将科技感融入动漫，展示了多项最新产业成果。现场不仅有"乐比智能AR课堂""飞越白马湖"等互动体验项目，更有"乐比超级魔法秀"虚拟直播互动活动，依托中南卡通最新引进的美国动画AI表演动作捕捉技术，实现虚拟主播与现场观众实时互动。

在电魂网络展位的大屏幕前，不少男生席地而坐围观着网游《梦三国》的战队比赛，而两两对战的战队其实也是由现场的"三国迷"们临时组建而成的，一个大招发出，叫好声响成一片。作为全国首家独立IPO主板上市游戏企业，电魂网络除了《元能失控》《梦塔防手游》等经典作品，还带来了两个即将公测的作品：《我的侠客》和《解神者》，更有现场漫迷抢先试玩新游戏、近距离对话制作组、精彩的coser演出……

步入友诺动漫的展台，童年的记忆瞬间被唤醒。正值《乌龙院》漫画出版40周年，展厅内陈列着《乌龙院》经典漫画书，带领漫迷回顾乌龙院师徒四人的江湖轶事。杭州友诺文化创意有限公司是集漫画原创和动漫IP运营为一体的创业型公司，除了拥有独家全版权运营著名动漫IP《乌龙院》，还创作了多部受欢迎的作品，其中原创漫画《杀手古德》长期占据网易漫画总榜榜首。

网易游戏作为"老朋友"，自然不会令人失望。古风网游《逆水寒》把游戏中千年前的大宋中秋节搬上漫展现场，一时成为了漫展网红打卡地。同时在逆水寒展台，现场可以体验千年前的传统娱乐项目"AI写诗赋词、投壶、点水灯"等。更有趣的是，为践行"环保节能、减少浪费"的宗旨，漫迷在《逆水寒》展台参加仁宗皇帝的零浪费御宴，现场"捡垃圾"还能换周边。

令人惊喜的是，此次流彩动画将"西湖"搬进了漫展。环绕式的LED大屏带给漫迷沉浸式的体验，精美的场景设计令人仿佛置身西子湖畔。在本届动漫节上，流彩动画还发布了即将于2021年暑期上映的原创动画电影《白素贞》。流彩动画CEO杨加助介绍，《白素贞》的主角形象取自杭州传统文化故事，电影中的人物形象打破了传统的刻板印象，更加贴合当代年轻人的审美认知；从场景上来说，《白素贞》完美地还原了独到的江南韵味，再现了杭州西湖美景和美食，极具中国独特文化魅力。

玄机科技和炎魂网络也是一如既往的精彩。在玄机科技展台，一众coser纷纷化身玄机科技旗下IP人物登台演出，《秦时明月》卫庄、《斗罗大陆》小舞、《天宝伏妖录》孔鸿俊……玄机科技还带来了手游《秦时明月世界》的最新消息，暌违已久的《秦时明月沧海横流》也即将上线。

炎魂网络本次携自研IP手游《忍者必须死3》登陆本次漫展，并参照游戏内场景，在展台现场还原了忍者小屋及庭院，与漫迷互动。《忍者必须死3》是炎魂网络的核心产品之一，于2018年8月登陆App Store及国内主流应用渠道，上线后迅速进入各榜单前列，曾获"2019年金翎奖玩家最喜爱的移动游戏""2019年度硬核联盟最受欢迎移动游戏""华为星光闪耀-年度杰出游戏"等重量级奖项。

在游卡网络展位，国民桌游IP《三国杀》再现经典。2020年现场不仅有人气coser现场还原游

■电魂网络展位前,精彩的coser演出。　杭商传媒记者　楼晋瑜摄

■在玄机科技展台,一众coser纷纷化身玄机科技旗下IP人物登台演出。　杭商传媒记者　楼晋瑜摄

戏角色、超值福袋现场贩售、桌游+三国杀周边同享,还能参与游戏试玩,限定周边先到先得。

此外,杭州高新区(滨江)的又寸夕卜、不想文化、叨普哒、达哉文化、四时幽赏也出展动漫节,央视动漫、浙江广电、腾讯动漫、武汉组团、哔哩哔哩、天闻角川等国内知名动漫游戏企业和机构也均参展,为漫迷们送上福利。

责任编辑/沈丽萍

READING | 悦读

■ 舜宇集团创始人王文鉴

舜宇奇迹：
一部现代企业成长史的经典教科书

□ 杭商传媒特约撰稿人　陈博君/文

"中国光电之星"的腾飞究竟有哪些奥秘？舜宇奇迹的缔造者王文鉴又是怎样的一个人？2018年一个阳光灿烂的盛夏之日，我怀着探究的心态第一次走进舜宇，见到了这位面容十分亲善、目光却异常坚定的老人。夏日的阳光透过窗户静静地洒在他那微微卷曲的花白头发上，仿佛涂上了一层耀眼的光晕，让人在亲和安详的氛围之中油然萌生出一种敬意。

在照相机和带有摄像功能的手机近乎完全普及的今天，人们对镜头都已不再陌生。但是，一枚小小的镜头，究竟能被一家企业演绎成多大的产业规模？绝大多数人穷尽了自己的想象维度，估计仍很难达到这样的高度：年销售突破300亿元！

2020年3月，浙江舜宇光学科技（集团）有限公司正式公布上一年的业绩：截至2019年12月31日，公司实现总销售额378.49亿元人民币，同比增长46%。

这可不是建造高楼大厦，更不是制造航空母舰，就凭着这小小的镜头以及相关的衍生产品，竟能打造出数百亿的产业，这难道不是奇迹么？

这样的奇迹就发生在我们的身边，一个叫做"余姚"的地方。

余姚，位于浙江省东部，自古以来就是一个不断诞生奇迹的地方。

距今六七千年前的新石器时代，远古人类就在这里耕耘收获、繁衍生息。他们用智慧的大脑和勤劳的双手，创造出了令世人瞩目的农业、建筑、纺织、艺术等一系列人类文明成就，使得余姚当之无愧地成为中华文明的重要发源地之一。

500多年前，一位对中国乃至整个亚洲产生深远影响的哲人在这里诞生。王阳明，这位文武双全、智胆兼备的明代著名思想家、哲学家、书法家、军事家和教育家，以他丰富曲折、堪称神奇的人生经历，为世人奉献了"心即理""知行合一""致良知"等伟大的心学理论，构成了一套博大精深的哲学思想体系。

而今天，就在火热的当下，这家名为"舜宇"的民营企业，正乘着时代的东风，在余姚这片神奇的大地上演绎着一个全新的奇迹。他们从一张白纸起家，依靠小小的镜头产品，步履维艰但却坚定扎实地一步一步成长起来，只用了35年的时间，就壮大成市值过千亿元、年销售超300亿元的中国光学龙头企业，成为闪耀在世界东方的"中国光电之星"，开创了一种新时代的商业典范模式。

"中国光电之星"的腾飞究竟有哪些奥秘？舜宇奇迹的缔造者王文鉴又是怎样的一个人？2018年一个阳光灿烂的盛夏之日，我怀着探究的心态第一次走进舜宇，见到了这位面容十分亲善，目光却异常坚定的老人。夏日的阳光透过窗户静静地洒在他那微微卷曲的花白头发上，仿佛涂上了一层耀眼的光晕，让人在亲和安详的氛围之中油然萌生出一种敬意。这不禁让我对这次探寻创业奇迹的写作之旅，更增加了几分莫名的期许和向往。

从那以后，我一次又一次踏上余姚这片热土，与一个又一个舜宇人近距离接触交流。聆听着他们动情的叙述，记录着他们真情的回忆，这个企业35年来艰辛曲折的创业发展历程和充满个性的形象轮廓特征，在我眼前渐次清晰起来。那个原本显得遥远而又神秘的"奇迹"，终于真实而又生动地展现在面前。

这是一家富有远见、善于借力的企业。早在20世纪80年代中叶，目光敏锐的王文鉴就乘着改革开放的东风，遵循"科技就是第一生产力"的理念，按照科技型企业的定位创办了舜宇的前身余姚第二光仪厂；创业早期，他们

READING | 悦读

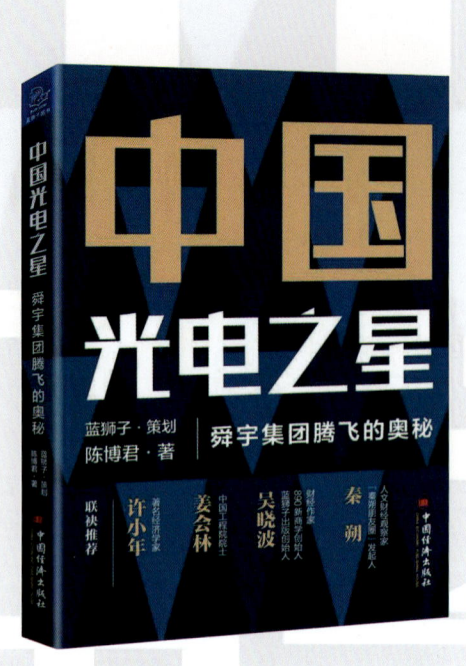

《中国光电之星》

作者：陈博君

中国经济出版社2020年11月出版

通过与浙江大学厂校联袂"借力登高"，与当时国内顶尖的光学企业多头联营"借水行舟"，利用国家政策与香港企业合资"借船出海"，实现了超常规、跳跃式的发展；企业发展壮大之后，又超前预判未来的发展趋势，审时度势地提出"名配角战略"，通过与三星、美能达、华为、联想、索尼等全球"名主角"开展战略合作，继续趁势而上。正是凭借着高瞻远瞩的战略目光，舜宇才得以在波诡云谲的行业竞流中一次又一次占得先机，并最终脱颖而出。

这是一家勇于创新、与时俱进的企业。1988年，面对国外相机来势汹汹和国内相继举步维艰的市场态势，舜宇首次制定了"两个转变"的战略方针，提出要"从单一的国内市场转变为国内和国外市场同时并举。从单一的元部件加工转变为元部件加工和整机生产同时并举"，从而成功避开了1989年市场疲软引发的重大危机。1999年，面对IT产业发展为光学行业带来巨大市场空间的新行情，舜宇适时调整战略，提出了"两个新的转变"，即"在产品方向上，由现在的传统光学转变为传统光学与现代光电并举。在经营方式上，从单一的产品经营转变为产品经营与资本经营同时并举"，使企业在坚守传统光学的同时成功跨入现代光电领域，并最终实现了资本上市。2015年，面对互联网时代的新趋势，舜宇又提出全新的"两个转变"战略，即实现"从光学产品制造商向智能光学系统方案解决商的转变、从仪器产品制造商向系统方案集成商的转变"，为舜宇奋力实现"千亿目标"、打造光学行业的百年"老字号"奠定了扎实的基础。

这是一家不忘初心、富有定力的企业。创业35年来，舜宇也曾经历过多元化发展的泥沼，面临过转行金融、房地产的诱惑，但关键时刻，他们及时自我反省、拨乱反正，最终以顽强的定力抵住了一次次的诱惑。在瞬息万变的市场环境中，舜宇以不变应万变的姿态，始终不忘初心、坚守主业，潜心于光电制造业的精耕细作，致力于光电零部件的创新创造。这种"踏石留印、抓铁有痕"的定力，充分彰显了这家民营企业为振兴民族制造业的那份责任与担当，最终成为舜宇笑傲江湖、展翅腾飞的底气与资本。

这是一家乐于分享、共同创造的企业。在舜宇集团，无时不刻能够感受到一种齐心协力、和谐上进的干事氛围，主人翁的自豪感写在了每一名员工的脸上。为什么一家民营企业能够焕发起如此强大的凝聚力？奥妙就在于以"共同创造"为核心价值观的企业文化，在于"钱散人聚"的产权理念和制度，在于一系列实实在在的防止家族化举措。在这个企业中，一大批老员工、中高层管理者和优秀员工都是企业的股东，他们的命运都与舜宇紧密地联系在了一起。

在舜宇的发展轨迹中，处处闪耀着王文鉴的经营理念与思想。因为王文鉴酷爱阅读、善于思考，并且经常迸发出发人深省的理论观点，故被人冠以"儒商"誉称。但我却更愿意视其为"哲商"，因为他不仅具备了"儒商"的道德与才智，更擅长于用哲学思维搞经营、搞管理。他用一系列蕴含着深刻哲理的经营理念，推动着舜宇不断向前迈进，为世人提供了一个哲学思想与商业实践跨界融合的经典案例。

舜宇，这颗熠熠生辉的"中国光电之星"，这个由哲商王文鉴一手缔造起来的余姚新奇迹，当我们重新回顾它的整个发展历程，就仿佛翻开了一部现代企业成长史的经典教科书。

别急，慢慢来

□杭商传媒特约撰稿人　赵鑫鑫/文

刚刚过去的这个双十一，号称是史上最热闹的狂欢购物节，除了漫天的广告，头部电商牵手各大卫视，各种预热直播晚会赚足了大家的眼球。回想往年的双十一，除了天猫，其他平台很少会公布当天的具体销售数据，就是因为怕体量不同，再好看的数字在巨无霸天猫面前也会抬不起头。估计2020年马云学到了电商同侪的手法，2020双十一提前开跑，有样学样，玩出了高招，所以身边的朋友们手剁得嗷嗷叫，却也依然乐在其中。

我不是程序员，也没有在电商企业呆过，但是那种没日没夜的压力可想而知，在宏大且急速前进的中国市场中，怎样才能不被消费者抛弃？那些头部电商一定绞尽脑汁，想尽办法要在这场欣欣向荣却血光四溅的商业厮杀中立足壮大。那种急功近利的心态，想想都让人不免浮躁起来。

近日细读这本由中国经济出版社最新推出的《中国光电之星》，跟随着作者细致的笔触历经了这家诞生于浙江余姚的千亿企业的成长发展道路，忽然间就平添了诸多的感慨。是啊，这短短的几十年，我们就亲身经历了一个盲目崇拜巨无霸的年代，每个新兴企业都在极度渴望成长，渴望冲出中国，渴望进军世界。当年，这个梦确实很中国，却也很沉重。

还记得曾经红极一时的凡客诚品及其创始人陈年吗？那个从一件衬衫一双板鞋起家的凡客，无论是高品质低价位的产品，还是快捷的物流体验，抑或流量明星加持的"凡客体"，都曾给过我们最好的互联网商业形态启蒙。可惜，凡客最终却走上了盲目布局、肆意扩张的道路，于是在这场旷日持久的互联网商战中，伴随着雷军的正式卸任董事，陈年和他的凡客诚品就已然成为过客。

2020年风云诡谲，中美之间的贸易拉锯点醒了世人，原来最中国的企业，不光要大，更要强。拥有属于自己的独特武器，才能立足世界商战。你看，早在数十年前，中国光电之星舜宇集团的创始人王文鉴，走的不就是和诸多互联网巨头截然相反的创业之路吗？在有些人眼里，王文鉴的创业故事，可能就是一个闷头只做一件事的"傻"案例。"傻子"很简单，"傻子"只会低头干。但是今天看来，已然成为中国光电之星的舜宇，却从另一个侧面证实了这样一个现实：中国企业最需要的，就是这份踏实稳重和步步为营的从容与淡定。

不是每个人都可以成为企业家，也不是每个人都可以在中国时代更迭的浪潮中遇见、经历、抓住、成长和微笑，但是王文鉴的"名配角战略"却值得每一个国人深思，一句简单的口号，我们读到的却是数十年如一日的、不以己悲不以物喜的踏实和执着。这种精神，难道不更中国吗？

我理解的中国力量，并非指那些功成名就的行业翘楚，而是遍布于960万平方公里的各行各业。每一个微小的坚持、每一份默默的努力，最终必将汇成巨大的力量洪流。只有拥有这种力量，我们的国家才会根深蒂固，才会傲然挺立。

感谢作者用无数次的探访、用最细腻真实的笔触，为我们还原了舜宇集团创始人王文鉴的创业之路。这本《中国光电之星》仿佛是一道醒世名言，在浮躁的日子里，告诫着我们每一个新时代的年轻人：别急，慢慢来。

谋定而后动

——陈博君新著《中国光电之星》读后感

□杭商传媒特约撰稿人　陈卉缘/文

"舜宇"这个名字可能并不为大众所熟知，但是"福布斯企业2000强""中国民营500强""中国电子信息百强""华为供应商"等一个个标签，却让这家公司的形象在人们心中变得丰满起来。

2020年3月,浙江舜宇光学科技(集团)有限公司正式公布上一年的业绩:截至2019年12月31日,公司实现总销售额378.49亿元人民币,同比增长46%。

这不是一家建造高楼大厦的企业,更不是一家制造航空母舰的企业,而是只凭小小的镜头以及相关的衍生产品打造出数百亿产值的企业。这家企业究竟有着怎样不为人知的故事,竟能取得如此骄人的发展态势?在这些数字背后,又有多少精神的力量在支撑着这家企业?

由中国经济出版社近日出版的《中国光电之星》,为我们揭开了心中的这些疑问。该书的作者陈博君用第三人称的口吻,将舜宇集团35年来走过的波澜岁月缓缓道来,细腻的描写令我们仿佛重走了一遍舜宇的创业发展之路。35年的发展历程并不算漫长,但正是因为在这并不算太长的时间里,舜宇实现了从0到300亿的成长,才令人不禁感叹其腾飞速度和背后这些不为人知的故事。

细读全书不难发现,从创业伊始"只要有百分之一的希望,就要做百分之百的努力"的执着,到发展过程中全方位多领域的"合作";从不断升级的"两个转变"方针,到主动接轨国际的"名配角"战略;从"共同创造"的企业文化建设,到"千亿计划"宏伟目标的提出与实施……舜宇集团发展所走过的每一步,早已将优秀的精神、理念、文化、品格汇成了一套经典的范本体系。

在一贯追求"大"、崇尚"快"的中国,在宏观经济热得发烫之时,在人人争相做"加法"之际,舜宇的当家人却能抵挡各种诱惑,果断砍掉转行金融、房地产的机会,在瞬息万变的市场环境中,以不变应万变的姿态潜心于光电制造业的精耕细作,致力于光电零部件的创新创造,这成为其带领舜宇走上成功的最大秘诀。就在舜宇决定聚焦本业的第二年,德国管理学家赫尔曼·西蒙出版了《隐形冠军》一书,在一定程度上,为舜宇的战略做出了绝佳的注脚。

在企业蒸蒸日上之时,不忘企业发展之初心,以"钱散人聚"的产权理念和制度,以及一系列实实在在的举措防止企业家族化,将老员工、中高层管理者和公司骨干化为股东,使他们的命运都与舜宇紧密地联系在了一起。这些都形成了舜宇乐于分享、共同创造、齐心协力、和谐上进的干事氛围,主人翁的自豪感写在了每一名员工的脸上,从中焕发出的强大凝聚力,助力舜宇在发展的路上越走越远,越飞越高。

正是因为这份"谋"后的定力、"踏石留印"的恒心,充分彰显了这家民营企业为振兴民族制造业的那份责任与担当,诠释了舜宇为何能笑傲江湖、展翅腾飞的底气与资本,这也许就是这本《中国光电之星》带给我们的最大启示。

责任编辑/沈丽萍 供图/舜宇集团

RIWA GROUP

　　力禾集团下辖杭州力禾颜料、杭州荣彩实业、江苏力禾颜料、连云港锐华化工、杭州力禾进出口、安徽池州泰阳颜料、河北武强启龙化工、杭州昱卓网络科技等企业。生产的"力禾"牌、"杭颜"牌颜料广泛应用于油墨、油漆、涂料、塑胶、色浆、美术颜料、文教用品等行业。

　　企业先后通过了ISO9001:2008质量管理体系认证、ISO14001:2004环境管理体系认证、OHSAS18001:2001职业健康安全管理体系认证。年综合生产能力万吨以上，设有市级研发技术中心，拥有先进完善的检测设施、严格的管理和质量保证体系，被中国产品质量协会评为国际质量信用"AAA"级企业，银行信用"AAA"企业。

浙江力禾集团有限公司
地址：杭州市萧山区义蓬外六工段
邮编：311226
电话：0571-82131313 82131811 82131820 82131822
传真：0571-82131808 82989966

杭州力禾进出口有限公司
地址：杭州市萧山区市心北路214号大成名座1幢2单元502室
邮编：311201
电话：0571-22851166 22851232 22851235
22851236 22851238 22851155
传真：0571-22851177
E-mail: info@riwachemicals.com

  公司成立于1998年，地处浙江南阳经济开发区，属省级高新技术企业，专业从事医药中间体和原料药的研制、开发和生产。
  公司现占地15000平方米，拥有员工200人左右，其中中高级专业技术人员和管理人员占25%，在新产品的开发研制和科研成果转化为工业化生产方面具有独特的优势和能力。公司拥有较高素质与水平的市场销售人员，已建立起研究开发、生产、市场调研、产品销售一条龙体系。

爱 自 己

HEALTH

浙江手心制药有限公司

浙江手心制药有限公司-总部

地址：杭州市萧山区南阳经济开发区
电话：0571-82171519　邮编：311227
E-mail：kuang.he@yongtaitech.com　sales@chiralchem.com
Http://www.chiralchem.com

浙江手心制药有限公司-销售部

地址：杭州市萧山区南阳经济开发区里江二路6号
电话：0571-82171519
邮编：311227
E-mail：richardlee@yongtaitech.com　sales@chiralchem.com

爱　　　家　　　人

妈咪唄唄

传递宝宝的第一份爱

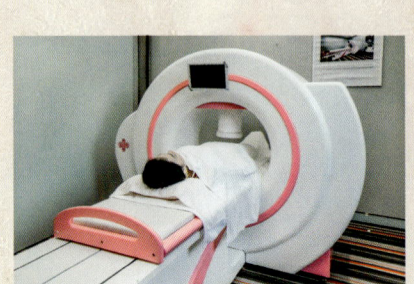
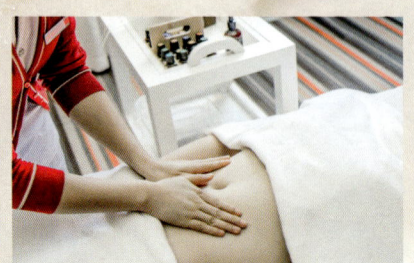

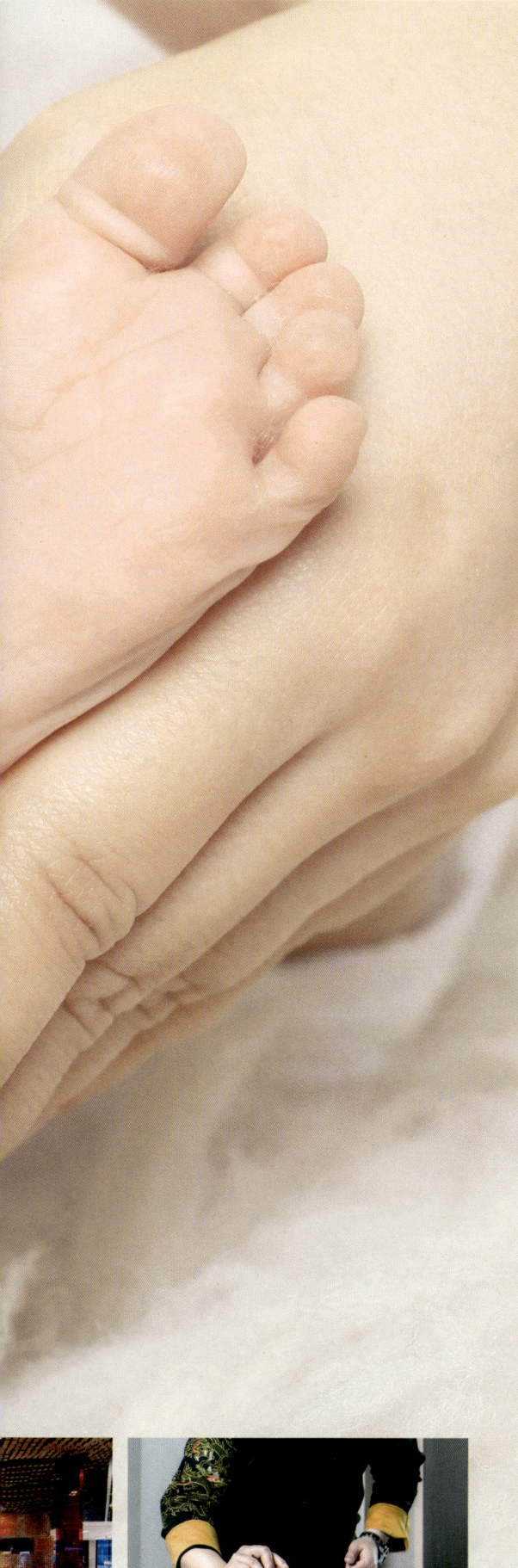

◎●品牌起源与发展

2014年，创始人怀揣一颗赤子之心开启了一次中国台湾之旅，希望把科学的产后康复、新生儿照护的理念和技术引入中国大陆，在女性蝶变的过程中，用专业的力量为更多年轻的家庭，创造科学和舒心的孕产生活。

怀抱初心，妈咪呗呗团队从空间设计到技术、服务全面从中国台湾引入，聘请各个领域的专家团队，共同打造妈咪呗呗这个孕产生活平台。

2015年，妈咪呗呗第一家实体门店正式启幕。到今天，已在杭州、合肥、丽水、宁波、东莞等地开启了8家专业产后护理中心。

◎●妈咪呗呗母婴服务生态链

妈咪呗呗以母婴健康照护为前提，秉持稳定发展、合理运营、精细化管理为企业运营理念。将月子中心、产后修复中心、月子餐/营养餐配送中心三个实体服务业作为发展核心，同时把行业咨询与培训作为辅助业务，打造围绕妈妈和宝宝这个客户群体的专业化服务链。

◎●软装硬体设备、空间设计

软、硬件设备皆是以人性化、智能且符合产后妈妈使用为考量，符合国际标准、天然成分制造为优先，动线规划配合母婴照护及感染管制。

◎●专业母婴照护人员

注重专业护理质量、客户感受与沟通、感染管制流程及遵从度、各部门SOP规范、产科、儿科医师固定巡诊。

◎●台式护理模式

拥有中国大陆首个360°可视化婴儿室、建立宝宝专属证件、配备24h专属视讯系统、医疗级别独立新风系统、定时紫外线深层消毒，致力打造安全健康婴儿室。

◎●专业月子餐及营养团队

独立式厨房、专业营养师团队按照产妇身体需求个性化阶段性调整月子餐。行政总厨林政佑来自中国台湾，拥有营养师和厨师双重身份。

地址：
天辰旗舰店：杭州市萧山区市心北路58号天辰国际2层
电话：0571-82666466
湘湖景区店：杭州市萧山区湘湖路337号湘湖驿站二期3层
电话：0571-82338333
钱江新城店：杭州市萧山区钱江新城钱塘航空大厦3层
电话：0571-57573339

网址：www.mammybest.com
邮箱：mammybest@163.com

品味·健康·色彩·生活

　　公司是一家集科研、生产、经营、施工为一体的现代化涂料生产企业，占地28000平方米。首期建筑面积8000平方米的特种涂料厂，具有年生产防腐蚀涂料5000吨；钢结构专用漆10000吨，卷材涂料10000吨的生产能力。

　　公司已通过ISO9001—2008质量管理体系认证，引进高新技术、高级人才及现代化的实验检测设备，开发生产的各种工业涂料、防腐涂料、地面涂料、食品饮水涂料、木器家具涂料、轻工家电涂料、卷材涂料、中高档建筑涂料等系列产品广泛应用于各类化工厂、污水处理、煤气公司、发电厂、石油、制药、化工设备、钢架、储罐、输送管道、自来水管道、建筑用瓦楞纸板、彩涂生产线、家电轻工业（冰箱、洗衣机）及民用建筑内外墙的装饰等领域。

　　公司下属的防腐分公司，是一家颇具实力的防腐蚀施工企业，拥有雄厚的技术和先进的施工设备，以及一支技术过硬的施工队伍。

浙江钱浪涂料科技有限公司

◎地址：杭州市萧山区钱塘新区外六工段　◎电话：0571-85200118　◎传真：0571-82989977

浙江鑫加镁环境工程有限公司成立于2002年，主营道路保洁、河道保洁、绿化养护、垃圾收集清运、物业服务、污水管网疏通、市政工程及道路工程的施工和维护、路灯安装和维修。企业通过ISO9001认证。

公司是杭州市城镇环境卫生协会成员单位，荣获浙江省质量服务信用AAA级信用企业、浙江省优秀诚信单位、浙江省服务行业优秀企业等称号。

选 择 鑫 加 镁 生 活 更 轻 松

XINJIAMEI

鑫加镁环境工程

◎地址：杭州市萧山区蜀山街道沙里吴村　◎邮编：311201　◎电话：0571-82278268　◎传真：0571-82200707
◎Http：www.xsjiamei.com　◎E-mail：45567852@qq.com

HANGSHANG GALLERY

您可以在以下场所阅读到本刊 （排序不分先后）

地址：杭州之江大道200号
电话：0571-8709 7799

富春山居高尔夫俱乐部
地址：富阳市杭富沿江公路富阳段
电话：0571-6346 1111

金茂三亚亚龙湾希尔顿大酒店
地址：三亚市亚龙湾国家旅游度假区
电话：0898-8858 8888

三亚亚龙湾万豪度假酒店
地址：三亚市亚龙湾国家旅游度假区
电话：0898-8856 8888

杭州西湖国宾馆
HANGZHOU XIHU STATE GUESTHOUSE
地址：杭州市杨公堤18号
电话：0571-8797 9889

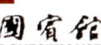
杭州香格里拉饭店
Shangri-La hotel
HANGZHOU, CHINA
地址：杭州市北山路78号
电话：0571-8797 7951

浦东香格里拉大酒店
Pudong Shangri-La
SHANGHAI
地址：上海浦东富城路33号
电话：021-2828 6319

FOUR SEASONS HOTEL
Hangzhou at West Lake
地址：杭州市灵隐路5号
电话：0571-8829 8888

杭州开元名都大酒店
NEW CENTURY GRAND HOTEL HANGZHOU
HANGZHOU CHINA
地址：杭州市萧山区市心中路818号
电话：0571-8288 8888

浙商开元名都酒店
GRAND NEW CENTURY HOTEL
Yuhang Hangzhou
地址：杭州市余杭区南苑街道迎宾路535号
电话：0571-8857 8888

海南棋子湾开元度假村
NEW CENTURY RESORT
Qizi Bay Hainan
地址：海南昌江棋子湾旅游景区广德路
电话：0898-3115 6666

杭州盛泰开元名都大酒店
GRAND NEW CENTURY HOTEL
Xiasha Hangzhou
地址：杭州经济技术开发区5号大街297号
电话：0571-8827 9999

方外 FOUND RETREAT
地址：杭州市建德市乾潭镇溪西畈1号
电话：0571-8663 7777

绍兴开元名都大酒店
NEW CENTURY GRAND HOTEL SHAOXING
SHAOXING CHINA
地址：绍兴市越城区人民东路278号
电话：0575-8809 8888

诸暨耀江开元名都大酒店
YAOJIANG NEW CENTURY GRAND HOTEL ZHUJI
SHAOXING CHINA
地址：诸暨市环城东路207号
电话：0575-8879 8888

杭州千岛湖开元度假村
NEW CENTURY RESORT QIANDAO LAKE HANGZHOU
HANGZHOU CHINA
地址：杭州市淳安千岛湖镇麒麟半岛
电话：0571-6501 8888

杭州千岛龙庭开元大酒店
LONGTING NEW CENTURY HOTEL QIANDAO LAKE HANGZHOU
HANGZHOU CHINA
地址：杭州市淳安县千岛湖环湖南路1号
电话：0571-6506 8888

浙江三立开元名都大酒店
SANLI NEW CENTURY GRAND HOTEL ZHEJIANG
HANGZHOU CHINA
地址：杭州市下城区绍兴路538号
电话：0571-8509 9999

桐庐开元名都大酒店
NEW CENTURY GRAND HOTEL TONGLU
HANGZHOU CHINA
地址：杭州市桐庐白云源路999号
电话：0571-6981 8888

余姚四明湖开元山庄
NEW CENTURY RESORT SIMING LAKE
YUYAO CHINA
地址：余姚市梁弄镇狮子山
电话：0574-6237 7777

大禹开元观堂
GRAND HOUSE SHAOXING

地址：绍兴市二环南路1988号
电话：0575-8829 8888

地址：云南省大理市大理古城北门街160号
电话：0872-2380 666

杭州索菲特西湖大酒店
HANGZHOU WESTLAKE

地址：杭州市西湖大道333号
电话：0571-8707 5858

西苑跨湖楼

地址：湘湖国际旅游度假区湘湖路697号
电话：0571-8222 7777

INTERCONTINENTAL
ONE THOUSAND ISLAND LAKE RESORT
千岛湖洲际度假酒店

地址：淳安县千岛湖镇羡山半岛
电话：0571-8881 8888

Hilton
HANGZHOU
QIANDAO LAKE RESORT
杭州千岛湖滨江希尔顿度假酒店

地址：淳安县千岛湖环湖北路600号
电话：0571-6508 6666

NARADA
Resort & Spa
QIANDAO LAKE·CHINA
千岛湖梅地亚君澜度假酒店

地址：淳安县千岛湖镇梦姑路488号
电话：0571-6498 8888

千岛湖润和建国度假酒店
QIANDAOHU RUNHE JIANGUO HOTEL
杭州 HANGZHOU

地址：淳安县千岛湖镇梦姑路298号
电话：0571-6508 9999

BRIGHT
Resort Qiandao Lake
千岛湖伯瑞特度假酒店

地址：淳安县千岛湖镇港口路369号
电话：0571-6499 7777

千岛湖温馨岛蝶来度假酒店
DEEFLY THOUSAND-ISLAND LAKE HANGZHOU

地址：杭州市淳安县千岛湖镇温馨岛
电话：0571-6501 2888

Sheraton
Hangzhou
WETLAND PARK
RESORT
杭州西溪喜来登度假酒店

地址：杭州市紫金港路西溪天堂
电话：0571-8500 2222

WU ZHI ZHOU CORAL HOTEL
蜈支洲岛珊瑚酒店

地址：三亚市海棠湾镇蜈支洲岛
电话：0898-8885 3666

ZHEJIANG NARADA GRAND HOTEL
浙江世贸君澜大饭店
★★★★★

地址：杭州市曙光路122号
电话：0571-8799 0888

FOUR POINTS Hangzhou Binjiang
BY SHERATON
杭州龙禧福朋
喜来登集团酒店

地址：杭州市滨江区东信大道868号
电话：0571-2887 8888

蝶来浙江宾馆
DEEFLY ZHEJIANG HOTEL

地址：杭州市三台山路278号
电话：0571-8718 0808

BANYAN TREE
HANGZHOU
杭州西溪悦榕庄

地址：西湖区紫金港路21号西溪天堂
电话：0571-8586 0000

ANGSANA
杭州西溪
悦椿度假酒店

地址：西湖区紫金港路21号西溪天堂
电话：0571-8500 2000

XIXI HOTEL
HANGZHOU
杭州西溪宾馆

地址：杭州市西湖区文二西路803号
电话：0571-8539 6666

GRAND METRO Park
HOTELe
杭州维景国际大酒店
★★★★★

地址：杭州市平海路2号
电话：0571-8708 8088

GRAND PARKRAY HANGZHOU
杭州雷迪森铂丽大饭店

地址：杭州市萧山区市心北路108号
电话：0571-8378 8888

LANDISON
PLAZA HOTEL HANGZHOU
杭州国大雷迪森广场酒店

地址：杭州市下城区体育场路333号
电话：0571-8515 8888

LANDISON
LONGJING RESORT HANGZHOU
杭州龙井雷迪森庄园

地址：杭州市西湖区龙井路里鸡笼山86号
电话：0571-8691 6666

LANDISON
RESORT TONGLU
桐庐雷迪森度假酒店

地址：杭州市桐庐城南街道金中路1号
电话：0571-6433 3999

LANDISON
TAI LAKE RESORT HUZHOU
湖州太湖雷迪森温泉度假酒店
★★★★★

地址：太湖旅游度假区梅洲路288号
电话：0572-213 6688

LEIDISEN WINNING HOTEL
雷迪森万锦大酒店
地址：上虞市市民大道555号
电话：0575-8279 8888

LANDISON
PUTUOSHAN RESORT ZHOUSHAN
舟山普陀山雷迪森庄园
地址：舟山市普陀山法雨路115号
电话：0580-669 0666

舟山凤凰岛雷迪森假日酒店
PHOENIX ISLAND RESORT ZHOUSHAN
地址：舟山市定海区青垒路120号凤凰岛
电话：0580-803 1188

NARADA
Resort & Spa Liangzhu
ZHEJIANG CHINA
良渚君澜度假酒店
地址：杭州余杭区良渚文化村内
电话：0571-8900 8888

金马饭店
Jinma Palace
HANGZHOU CHINA
地址：杭州市萧山区通惠中路218号
电话：0571-8288 7888

Hangzhou 1000Island Lake
Greentown Resort Hotel
杭州千岛湖绿城度假酒店
地址：淳安县千岛湖镇新安北路
电话：0571-6508 8888

GONGWANG 公望会
地址：富阳东洲街道株林坞万科公望会
电话：0571-8719 6166

GONGWANG 公望会
地址：良渚文化村白鹭郡南春漫里
电话：0571-8876 7755

陆羽山庄
LUYU RESORT
HANGZHOU CHINA
地址：余杭区径山镇双溪漂流景区内
电话：0571-8850 2888

东方豪生大酒店
Oriental Deluxe Hotel
地址：杭州市艮山西路288号
电话：0571-8676 7888

杭州大华饭店
HANGZHOU
地址：杭州市南山路171号
电话：0571-8718 1888

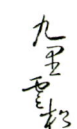
九里云松
PINS DE LA BRUME
HOTEL · HANGZHOU
地址：杭州市灵隐路18-8号
电话：0571-8798 7999

XIXUAN
SPA HOTELS
地址：杭州市紫金港路西溪天堂
电话：0571-8500 2888

Oakwood
Residence
HANGZHOU
杭州奥克伍德国际酒店公寓
地址：杭州市教工路28号
电话：0571-8899 3131

绍兴国际大酒店
Shaoxing International Hotel
★★★★★
地址：绍兴市府山西路100号
电话：0575-8516 6788

XIANHENG
咸亨大酒店
HOTEL
★★★★★
地址：绍兴市解放南路680号
电话：0575-8806 8688

半岛酒店
Peninsula Hotel
NINGBO CHINA
宁波石浦半岛酒店
地址：宁波市象山县金山路218号
电话：0574-6599 9999

桐庐世贸大酒店
WORLD TRADE HOTEL
TongLu·China
地址：浙江桐庐迎春南路36号
电话：0571-6999 9999

HONGLOU
INTERNATIONAL HOTEL
浙江红楼国际酒店
地址：杭州市桐庐县富春路158号
电话：0571-6987 8888

恒元大酒店
Hengyuan Hotel
Cixi China
地址：慈溪市杭州湾区滨海一路55号
电话：0574-5858 9999

假日酒店
Holiday Inn
杭州萧山众安
HANGZHOU XIAOSHAN
地址：杭州市萧山区山阴路688号
电话：0571-8297 7777

乌镇黄金水岸大酒店
Gold River-Side Hotel WuZhen
地址：嘉兴市桐乡乌镇青镇路8号
电话：0573-8872 8888

建德半岛凯豪大酒店
JIANDE PENINSULA KAIHAO HOTEL
地址：杭州市建德新安东路688号
电话：0571-6418 5888

RAMADA PLAZA
HANGZHOU XIAOSHAN
杭州英冠华美达广场酒店
地址：萧山临江工业园区经五路98-18号
电话：0571-8381 1777

地址：富阳市馆驿里8号
电话：0571-6313 8888

地址：杭州市萧山区水博大道8号
电话：0571-8350 0888

地址：杭州市解放路221号
电话：0571-2803 3666

地址：杭州市学院路29号
电话：0571-8512 2666

地址：杭州市体育场路261号
电话：0571-2811 6666

地址：杭州上城区万松岭路94号
电话：0571-8655 7700

地址：杭州余杭超山风景名胜区
电话：0571-8631 5700

地址：安吉县天荒坪镇大年初一风景小镇
电话：0572-585 0000

地址：湖州市安吉县大山坞自然村68号
电话：0572-513 8166

地址：大理市七里桥感通路以南
电话：0872-668 8888

地址：黄山市黄山区太平湖金盆湾
电话：0559-219 8888

地址：黄山区太平湖风景区滨湖大道1号
电话：0559-529 8888-8301

地址：绍兴市柯桥区稽山南路88号
电话：0575-8999 0000

地址：宁波市象山县象山港路1111号
电话：0574-6577 8888

地址：舟山市普陀区普陀山镇合兴西苑
电话：0580-669 6666

地址：龙泉市剑池东路29号
电话：0578-718 8000

地址：富阳江滨西大道56号
电话：0571-2323 8888

地址：绍兴市柯岩大道518号
电话：0575-8556 8888

地址：绍兴市越城区胜利东路379号
电话：0575-8910 8888

战略合作联盟

阿里巴巴（中国）网络技术有限公司

地址：杭州市滨江区网商路699号
电话：0571-8502 2088

杭州娃哈哈集团有限公司

地址：杭州市清泰街160号
电话：0571-8788 0592

开元旅业集团
NEW CENTURY TOURISM GROUP

地址：杭州市萧山区市心中路818号
电话：0571-8288 8888

浙江科发资本管理有限公司

地址：下城区庆春路38号金龙财富中心
电话：0571-8993 9939

开氏集团有限公司

地址：杭州市萧山区衙前镇
电话：0571-8278 3388

达利国际集团

网址：www.highfashion.com.hk
邮箱：info@highfashion.com.hk

浙江水欣集团股份有限公司

地址：杭州市寰宇商务中心A座2005室
电话：0571-8160 7532

港流科技

浙江港流高分子科技股份有限公司

地址：杭州市钱江世纪城民和路800号
电话：0571-8587 0851

《杭商》还向以下单位提供阅读服务

机场

- 北京首都国际机场
- 上海浦东国际机场
- 上海虹桥国际机场
- 天津滨海国际机场
- 重庆江北国际机场
- 沈阳桃仙国际机场
- 大连周水子国际机场
- 广州白云机场
- 深圳宝安国际机场
- 三亚凤凰国际机场
- 厦门高崎机场
- 杭州萧山国际机场
- 宁波栎社国际机场

图书馆

- 中国国家图书馆
- 首都图书馆
- 上海市图书馆
- 天津图书馆
- 重庆市图书馆
- 河北省图书馆
- 石家庄市图书馆
- 山西省图书馆
- 太原市图书馆
- 内蒙古图书馆
- 黑龙江省图书馆
- 哈尔滨市图书馆总馆
- 吉林省图书馆
- 长春市图书馆
- 辽宁省图书馆
- 沈阳市图书馆
- 广东省中山图书馆
- 广西壮族自治区图书馆
- 南宁图书馆
- 海南省图书馆
- 海口图书馆
- 湖北省图书馆
- 武汉图书馆
- 安徽省图书馆
- 合肥市图书馆
- 江苏省图书馆
- 南京市图书馆
- 山东省图书馆
- 济南市图书馆
- 浙江图书馆
- 杭州图书馆
- 福建省图书馆
- 福州市图书馆
- 江西省图书馆
- 南昌市图书馆
- 湖南省图书馆
- 长沙市图书馆
- 河南省图书馆
- 郑州市图书馆
- 陕西省图书馆
- 西安市图书馆
- 甘肃省图书馆
- 兰州市图书馆
- 新疆维吾尔自治区图书馆
- 乌鲁木齐图书馆
- 青海省图书馆
- 西宁图书馆
- 宁夏图书馆
- 银川图书馆
- 四川省图书馆
- 成都市图书馆
- 贵州省图书馆
- 贵阳市图书馆
- 云南省图书馆
- 昆明图书馆
- 西藏自治区图书馆
- 拉萨市图书馆

以下人士是《杭商》赠阅的主要对象

★ 国家有关部委领导，浙江省及省内地级或以上城市领导；
★ 国家及省级有关经济研究机构负责人；
★ 杭州市级机关领导班子成员，各县（市、区）领导班子成员及县（市、区）管干部；
★ 在杭国家级及省级开发区领导班子成员；
★ 世界企业500强在杭机构，在杭中央、省属国企，杭州市大企业大集团、重点企业、拟培育重点工业企业负责人；
★ 其他我们认为有赠阅价值的各界人士……

ALLIANCE OF HANGZHOU BUSINESS INTERNATIONAL INNOVATION

杭商国际化创新联盟

　　杭商国际化创新联盟成立于2016年8月,是杭商培育品牌、记录成就、展示成果、沟通信息、交流经验的重要阵地。联盟联合国内顶级经济智库,优质创投公司;境外一线财富管理机构、医疗服务部门,中央及省市新闻单位,为成员单位提供国内资产优化、创业投资、财富管理、海外体检医疗及媒体资源整合等服务。

主席团:

宗庆后	娃哈哈集团有限公司董事长
汪力成	华立集团股份有限公司董事局主席
王水福	西子联合控股有限公司董事长
陈妙林	开元旅业集团有限公司董事长
周立武	兴源环境科技股份有限公司董事长
陈越孟	浙商创投股份有限公司董事长
陈晓锋	浙江科发资本管理有限公司董事长
张国强	凯喜雅集团董事长
邱娣兵	品融控股集团董事长
林典誉	达利(中国)有限公司总经理
方吾校	胜达集团有限公司董事局主席
马仁德	香港好德利集团董事局主席
田　宁	盘石网盟董事长
应仁忠	西纳维思(杭州)服装服饰有限公司董事长
陈　敏	杭州利星名品百货广场有限公司董事长
郑　历	杭州明视康眼科医院院长
项兴良	开氏集团有限公司董事长
钱培鑫	浙江和康医疗集团董事长
蒋文龙	浙江水欣集团股份有限公司董事长
傅妙奎	柳桥集团有限公司董事长

常务理事:

丁国良	杭州天创环境科技股份有限公司董事长
王真震	浙江信网真科技股份有限公司董事长
方　琴	杭州骄娇服饰有限公司董事长
叶水泉	源牌集团董事长
卢敬锋	杭州乾球环境工程有限公司董事长
白友其	浙江易之园林股份有限公司董事长
邓建林	杭州盈盛集团董事长
刘　琼	杭州米络科技有限公司董事长
刘红才	浙江申通快件服务有限公司总经理
华建华	杭州域农科技股份有限公司董事长
江有归	杭州泰一指尚科技有限公司董事长
何永富	杭州之江有机硅化工有限公司董事长
沈新荣	杭州哲达科技股份有限公司董事长兼总裁
沈铁伟	杭州市信息安全产业园总经理
邵海燕	浙江尚哲投资管理有限公司董事长
陈　凯	杭州华普永明光电股份有限公司董事长
吴家平	杭州佳平影业有限公司董事长
吴俊宏	浙江远图互联科技股份有限公司董事长
吴吾美	浙江宁海华联纺织有限公司总经理
陆张法	浙江宏发集团有限公司董事长
张　杰	宝杰华醒科技(杭州)有限公司董事长
张朝设	浙江港流高分子科技股份有限公司董事长
罗　林	格格医疗科技(上海)有限公司创始人
杨　华	杭州紫邦园林有限公司董事长
杨隐峰	浙江泛嘉控股有限责任公司董事长
孟宏亮	杭州元弘投资管理有限公司董事长
孟一新	浙江泰杉文化科技有限公司董事长
范　渊	杭州安恒信息技术有限公司董事长
周广鹭	浙江炬荣集团董事长
胡　强	杭州中广物业管理服务有限公司董事长
胡敏翔	杭州绩优投资管理有限公司董事长
项　勇	杭州钱江电气集团股份有限公司总裁
赵庆洋	杭州喜马拉雅信息科技有限公司董事长
高　敏	汉帛国际有限公司总裁
顾惠波	浙江甲骨文超级码科技股份有限公司董事长
倪卫明	杭州田厚市政有限公司董事长
章金顺	杭州西苑跨湖楼餐饮有限公司董事长
章云樵	俞同春股份有限公司董事长
童妙兴	杭州汇成建设工程有限公司董事长
傅　丽	浙江路易房地产开发有限公司董事长

理事：

马仁爱	杭州红研颜料化工有限公司总经理
马雪峰	杭州涌源投资有限公司董事长
王玲娟	浙江金迪控股集团有限公司总经理
王 炜	浙江荣庆工程管理有限公司董事长
邓 艳	杭州康宇旅行社有限公司总经理
田伟建	杭州田野提花织造有限公司董事长
冯水军	杭州铭绿建材有限公司总经理
李 敏	浙江人众金融服务股份有限公司董事长
许凤娟	杭州南峰非织造布有限公司董事长
何 匡	浙江手心制药有限公司总经理
汤甘诗	杭州康新轴承制造有限公司董事长
汪娅平	浙江蕾蕾美颜连锁发展有限公司董事长
张 俊	杭州发达齿轮箱集团有限公司董事长
张子钢	杭州掌维科技股份有限公司董事长
余建国	浙江国杰建设有限公司董事长
杨水福	杭州重型钢管有限公司董事长
沈 迪	杭州映山花颜料化工有限公司董事长
沈 源	杭州开元管件有限公司董事长
沈浙皓	浙江美邦实业集团有限公司董事长
邹怡臻	杭州铁集货运股份有限公司总经理
陈 伟	杭州万达方向机有限公司董事长
陈国火	浙江数通实业有限公司总经理
陈张洪	杭州潮洪建材有限公司董事长
何铭杰	杭州鼎铭尚实业有限公司总经理
汪国灿	杭州萧山佳美保洁有限公司总经理
李利珍	浙江力禾集团有限公司董事长
陆长兴	杭州杭新印花整理有限公司总经理
周友春	杭州萧山园林集团有限公司董事长
罗 辉	浙江精侍健康管理有限公司总经理
俞春根	浙江久工精密机械有限公司董事长
俞正泉	安徽满贯农业科技有限公司董事长
赵丽萍	杭州花之城纺织有限公司总经理
高清淼	杭州巨创网络科技有限公司董事长
高利峰	杭州祥程资产管理有限公司董事长
桑张耿	浙江舜达伟业物资有限公司总经理
翁建坤	杭州航峰金属材料制造有限公司董事长
莫甫根	杭州金南工量具有限公司董事长
黄成安	紧商科技股份有限公司董事长
朱念东	林森建设集团董事长
程常杰	浙江天蓝环保技术股份有限公司总经理
曾曙光	浙江融哲律师事务所主任
楼伟杰	杭州海尔希畜牧科技有限公司董事长
蔡才勤	浙江萧山建宏商品混凝土有限责任公司总经理
蔡志梅	杭州钱浪涂料科技有限公司董事长

会员：

丁兆祥	杭州晨莹自行车配件有限公司总经理
卜士良	杭州吉利机械有限公司董事长
王国林	杭州豪康幕墙装饰有限公司总经理
汤劲刚	杭州塞勒尼光电科技有限公司董事长
杨 云	杭州晓阳水产品有限公司董事长
范小明	浙江恒迪寝具有限公司总经理
俞悦利	杭州悦达市政建设工程有限公司总经理
赵万里	杭州瑞丰汉艺纺织品有限公司董事长
高贤军	杭州华美制衣有限公司总经理
高尧泉	杭州萧山建一五金有限公司总经理
徐红英	杭州萧山鼎福门大酒店总经理
傅世根	杭州天宇化工有限公司总经理
傅小青	杭州通绿机械有限公司总经理
缪建章	杭州杭新印花整理有限公司厂长

图书在版编目（CIP）数据

杭商. 2021（第一辑）/《杭商》编辑部编. —北京：经济管理出版社，2020.9
ISBN 978-7-5096-7425-3

Ⅰ.①杭… Ⅱ.①杭… Ⅲ.①商业史—研究—杭州 Ⅳ.①F729

中国版本图书馆CIP数据核字（2020）第159900号

出　　版：	经济管理出版社
	（北京市海淀区北蜂窝8号中雅大厦A座11层　100038）
组稿编辑：	张巧梅
责任编辑：	张巧梅
责任校对：	王淑卿
电　　话：	（010）51915602
经　　销：	新华书店
印　　刷：	杭州强顺印刷有限公司
开　　本：	210mm×285mm　1/16
印　　张：	15.2
字　　数：	580千字
版　　次：	2021年2月第1版
印　　次：	2021年2月第1次印刷
书　　号：	ISBN 978-7-5096-7425-3
定　　价：	68.00元

（版权所有，翻印必究）